Hermann Sarrazin

Die Entwicklung der Preise des Grund und Bodens in der Provinz Posen

Hermann Sarrazin

Die Entwicklung der Preise des Grund und Bodens in der Provinz Posen

ISBN/EAN: 9783744612746

Hergestellt in Europa, USA, Kanada, Australien, Japan

Cover: Foto ©Suzi / pixelio.de

Weitere Bücher finden Sie auf **www.hansebooks.com**

Die

Entwickelung der Preise

des

Grund und Bodens in der Provinz Posen.

Inaugural-Dissertation

zur

Erlangung der Doktorwürde

verfasst und mit Genehmigung der hohen philosophischen Fakultät

der

vereinigten Friedrichs-Universität Halle-Wittenberg

eingereicht von

Hermann Sarrazin

aus Gorzno, Kreis Fraustadt Posen

Druck von Friedrich Stollberg in Merseburg.

Meinen lieben Eltern.

Inhalt.

	Seite.
Quellen	6
Einleitung	7

Kapitel I.
Die Besitz- und Bodenverhältnisse der Provinz Posen	8

Kapitel II.
Die Wertentwickelung des Grund und Bodens in der Provinz Posen	16
1. Die Art und Weise der statistischen Erhebung des Materials	16
2. Die Grundpreise des Kleinbesitzes	21
3. Die Grundpreise des Mittelbesitzes	25
4. Die Grundpreise des Grossbesitzes	45
5. Überblick über die allgemeine Preisentwickelung	46
6. Die Subhastationen	48
7. Die landschaftlichen Taxen	56

Kapitel III.
Die Hauptursachen für die Preisentwickelung des Grund und Bodens	60
Schluss	76

Quellen.

Die Akten der neuen Posener Landschaft.
Die Verwaltungsberichte der Königl. Direktion der Posener Landschaft von 1876—1894.
J. Conrad, Agrarstatistik im Handwörterbuch der Staatswissenschaften. Bd. I. Jena 1890, p. 68 ff.
J. Conrad, Jahrbücher für Nationalökonomie 1893, 3. F., Bd. VI; 1894, Bd. II.
J. Klebs, Die Landeskulturgesetzgebung, ihre Ausführung und Erfolge im Grossherzogtum Posen. Ein Beitrag zur Kulturgeschichte dieser Provinz. Berlin 1860.
v. Nathusius, Die Zustände und die Reform des ländlichen Gemeindewesens in der Provinz Posen. In „Berichte über die Zustände und die Reform des ländlichen Gemeindewesens in Preussen". Leipzig 1890, p. 7 ff.
A. Meitzen, Der Boden und die landwirtschaftlichen Verhältnisse des preussischen Staates nach dem Gebietsumfange vor 1866. Bd. I—IV. Berlin 1868—71. Bd. V (nach dem Gebietsumfange der Gegenwart). Berlin 1894.
P. Kollmann, Die Kaufpreise des Grundeigentums im Grossherzogtum Oldenburg von 1866—1893. Tübingen 1895.
H. Frhr. v. Wilamowitz-Möllendorff, Zur Landgemeindeordnungsfrage in der Provinz Posen. In „Berichte über die Zustände und die Reform des ländlichen Gemeindewesens in Preussen". Leipzig 1890, p. 25 ff.
Der kleine, mittlere und grosse Grundbesitz der Provinz Posen und der ihr verwandten Landesteile. Von einem Landwirt. Berlin 1882.
Beiträge zur Statistik Mecklenburgs. I. Bd., 2. Heft 1859, p. 1—14; 9. Bd., 3., 4. Heft 1880, p. 86—97.
Zeitschrift des königl. sächsischen statistischen Bureaus, Beiträge zur Statistik des Grundeigentums. Jahrgang XXXVII. 1891, p. 66—144. Jahrgang XXXIX, 1893, p. 150 bis 238.
C. Steinbrück, Die Entwickelung der Preise des städtischen und ländlichen Immobiliarbesitzes zu Halle (Saale) und im Saalkreise. Halle 1896.
Thiel, Landwirtschaftliche Jahrbücher, Bd. XII, Supplement I, p. 151 ff. Berlin 1883.

Es sei mir gestattet, an dieser Stelle meinem hochverehrten Lehrer, Herrn Geh. Regierungsrat, Prof. Dr. Conrad in Halle meinen Dank auszusprechen für seine unablässige Förderung, die mich während des Entstehens dieser Schrift leitete und unterstützte. Dank schulde ich auch nicht minder den Herren von der Posener Landschaft, insonderheit Herrn Generallandschaftsdirektor v. Staudy und Herrn Geh. Regierungsrat Klose, die mir die Aktenquellen der nachstehenden Ergebnisse eröffneten, wie auch den Herren Beamten, die mich im Suchen und Finden hilfreich unterwiesen.

Einleitung.

Über die Preis- und Besitzverhältnisse des landwirtschaftlich benutzten Bodens Aufschlüsse zu erhalten, wird jetzt, wo die landwirtschaftliche Krisis im Brennpunkt der Tagesfragen steht, mehr und mehr ein Bedürfnis und eine Pflicht nationalökonomischer Forschung. Bisher ist dieses Feld bei der mangelhaften Ausbildung der Bodenpreisstatistik weniger untersucht worden, erst neuerdings fängt die amtliche Statistik verschiedener Staaten in Deutschland an, in das Gebiet der Wertentwickelung, der Verschuldung und des Besitzwechsels des Grundbesitzes einzudringen, und agrarstatistische Einzeluntersuchungen beschäftigen sich mit Grundeigentumsfragen begrenzter Landesteile.

So hat man denn auch darauf hingewiesen, von wie hohem Wert für die agrarpolitische Gesetzgebung, wie für die Erkenntnis ländlicher Missstände es sein müsse, das Aktenmaterial zu bearbeiten, welches in den Registraturen der preussischen Landschaften aufbewahrt liegt. Mir wurde die Aufgabe gestellt, die Akten der Landschaft meiner Heimatprovinz, der Provinz Posen, nach verschiedenen Fragen, die Zustände des dortigen Grundbesitzes betreffend, zu untersuchen. Wie bei jeder derartigen Arbeit, erwuchsen auch hier die verschiedensten Schwierigkeiten. Zunächst war das Material der alten im Jahre 1821 gegründeten Landschaft, des sogenannten Kreditvereins von Besitzern adliger Güter im Grossherzogtum Posen, nicht mehr zu erlangen; die Untersuchung musste sich also auf die am 13. Mai 1857 errichtete neue Posener Landschaft, die allerdings ein für eine Einzelkraft überreiches Material bot, beschränken. Es entstand die Frage: über was für Verhältnisse können diese Akten Auskunft geben? Die reichste Fülle an Zahlen gaben die in den Taxberichten auffindbaren Preise der Güter, welche leider nicht viel weiter als bis zum Beginn des Jahrhunderts hinaufreichend notiert waren, und je weiter hinauf, um so grössere Lücken aufwiesen; man konnte jedoch bei sorgfältiger Sammlung dieser Zahlen und Sichtung zweifelhafter Angaben ein Bild gewinnen, wie sich die Wertsteigerung des Grund und Bodens der Provinz mit gewissen Schwankungen allmählich vollzog. Ferner waren die Taxen der Landschaft für die Entwickelung des Wertes der Güter von Bedeutung; man konnte sie mit den in der nämlichen Zeit wirklich gezahlten Preisen vergleichen und das Wertverhältnis beider zu einander bestimmen. Von Interesse war auch ein Vergleich der Preise mit den Grundsteuerreinerträgen, wie sie gemäss der Ausführung des Gesetzes über die Grund- und Gebäudesteuer vom 21. Mai 1861 (G.-S. S. 253 u. 317) gewonnen wurden, da diese die Gestaltung des Grundwertes gegenüber einem für eine bestimmte Zeit geschätzten Wert erkennen liessen. Die Häufigkeit des Besitzwechsels mit auch nur annähernder Genauigkeit zu bestimmen, erwies sich als undurchführbar, weil sich zu häufig Lücken in der Reihenfolge der Besitzveränderungen vorfanden, die sofort das richtige Bild verschoben. Ebenso liess sich eine Verschuldung über die Beleihung der Landschaft hinaus nur in Ausnahmefällen feststellen, wenn eine Abschrift des bezüglichen Grundbuchblattes den Akten beigeheftet war. So wertvoll und wünschenswert die Kenntnis des Besitzwechsel- und Verschuldungsverhältnisses ist, so musste doch bei derartig mangelhaften Unterlagen darauf verzichtet, und der Schwerpunkt der Arbeit auf die Entwickelung der Güterpreise gelegt werden. Dass auch die letzteren in ihrer Gruppierung und Vergleichung nicht beanspruchen können, eine Darstellung der Wertveränderung des Grund und Bodens zu geben, wie sie sich *thatsächlich* vollzog, liegt in der Natur des landschaftlichen Materials begründet: einmal sind es nicht alle Güter, deren Werte zur Betrachtung gezogen werden konnten, sondern nur die bis 1893 von der Landschaft beliehenen, ca. 6000 Besitzungen, welche sich bis zu dieser Höhe seit 1857 erst allmählich im landschaftlichen Verbande ansammelten. Von den notierten Preisen wiederum sind die der ersten Jahrzehnte des Jahrhunderts seltener aufgezeichnet, während sie sich in den letzten Jahrzehnten, hauptsächlich aber seit dem Hinzutritt kleiner Bauerngüter (1879) um ein bedeutendes mehren. Das sich ergebende Bild der Wertgestaltung muss also für die Anfangszeit einseitiger sein, weil es sich aus einer geringeren Anzahl von Fällen zusammensetzt. Die Ergebnisse der im folgenden gegebenen Aufstellungen sind daher nicht sowohl geeignet, eine Darlegung feststehender Thatsachen zu bilden, als vielmehr durch das Eindringen in die Preisverhältnisse des Posener Grundbesitzes von dem begrenzten Stoff, den die Landschaft bietet, Schlüsse auf die Gesamtentwickelung des Besitzes der Provinz ziehen zu lassen, die allerdings bei der immerhin breiten Basis des landschaftlichen Materials sich der Wahrheit möglichst nähern werden.

Kapitel 1.
Die Besitz- und Bodenverhältnisse der Provinz Posen.

Zur Erkenntnis der Eigentümlichkeiten des Grundbesitzes der Provinz Posen in ihren Beziehungen zu den Preisen ist es erforderlich, einen Blick auf die allgemeinen landwirtschaftlichen Verhältnisse des Landes zu werfen. Die ebene Lage und der Mangel an Wald weisen die Provinz auf den Ackerbau hin. Zwar giebt es in keinem Gebietsteil Deutschlands auf der Flächeneinheit so viel Städte wie in Posen, in diesen ist aber wenig Industrie zu finden. Maschinenfabriken und Eisengiessereien sind nicht häufig; am meisten vertreten sind Spinnereien und Bierbrauereien. Das Hauptgewerbe findet sich mehr auf dem Lande und hängt mit der Landwirtschaft zusammen, nämlich die Mühlen, von denen besonders die Windmühlen sehr zahlreich sind, und die Ziegeleien, die kaum den Bedarf für die vielen ländlichen Bauten zu decken vermögen. Die Handwerker in den kleinen Städten besitzen zum grössten Teil auch ein ländliches Anwesen vor den Thoren derselben, zum Schaden sowohl für die Landwirtschaft, wie für ihr Handwerk, zwischen welchen Berufsarten ihre Zeit geteilt ist. Die Statistik von 1882 giebt unter 100 Erwerbsthätigen der Provinz $59,12\%$ in der Gruppe der Landwirtschaft und Tierzucht an, mehr als in Ost- und Westpreussen (57,13 bezw. $53,03\%$) und bedeutend mehr als im Bereiche der preussischen Monarchie ($40,07\%$). Schon dem Laien ist die besondere agrarische Signatur der Provinz augenfällig. Er sieht weite, ausgedehnte Flächen um umfangreiche Höfe liegen; Schläge mit einer einzigen Kulturart: Roggen, Weizen, Kartoffeln oder Rüben dehnen sich in schier unendlicher Länge. Nicht selten pflügen an einem solchen Schlage 20 und mehr Gespanne, und man kann sich danach eine Vorstellung von der Ausdehnung des zugehörigen Gutes machen. So sind auch thatsächlich die Grössenverhältnisse der Güter in der Provinz Posen weit verschieden von denen westlicher Landesteile. Ein Gut von 1000—1500 Morgen gehört nicht zu den grossen, wie es etwa in Schlesien der Fall sein würde. Grundbesitz von über 100 ha giebt es in der Provinz 1491433 $ha = 51,5\%$ der Gesamtfläche der Provinz; nehmen wir den Beginn der Grossgüter erst von 400 ha aufwärts an, so erhalten wir 1324628 $ha = 45,6\%$ der Gesamtfläche; Güter über 1000 ha machen noch immer $32,3\%$ der Gesamtfläche aus. Der kleine Grundbesitz tritt daher in Posen mehr zurück, nicht in der Zahl der Betriebe, aber in seiner Flächenausdehnung. Es liegt diese Erscheinung in den früheren Bestrebungen des polnischen Adels, Güterkomplexe in einer Hand zu vereinigen, wie auch in den Kulturverhältnissen des Landes, die zur Zeit der Bauernunterthänigkeit in extensiven Brach- und Weidewirtschaften bestanden. Seit jenen Zeiten ist in Posen viel daran gearbeitet worden, Güter zu zerschlagen und einen ausgebreiteten, wirtschaftlich tüchtigen Bauernstand anzusiedeln; man hat aber, abgesehen von wirtschaftlich sehr begünstigten Gegenden, wie im Netze-, Warthe- und Obrabruch oder in der Nähe von besonders verkehrsreichen Marktorten, oft die Erfahrung machen müssen, dass derartige Ansiedelungen ohne die Vorteile eines besonders fruchtbaren Bodens und ohne die Gelegenheit zur Verwertung ihrer kleinen Erzeugnisse aus Hof und Garten in der Regel auf die Dauer nicht lebensfähig waren. So ist im grossen und ganzen der Grundzug der Provinz der der Grosswirtschaft geblieben und wird es auch voraussichtlich so lange bleiben, bis der polnische Bauer zu der Reife gelangt sein wird, sich die Errungenschaften der landwirtschaftlichen Technik und Wissenschaft, welche ihm der gebildete und weitsichtigere Gutsbesitzer zuführt, dienstbar zu machen, und bis vor allem sich die gewerblichen und Absatzverhältnisse der Provinz so weit gebessert haben, um die Vermehrung der Kleinbetriebe auf Grund der Ermöglichung grösserer Rentabilität wünschenswert zu machen. Nach der Statistik vom 5. Juni 1882 ist der bäuerliche Besitz in Posen von 5—100 ha nur mit 35.84 ha auf 100 ha der gesamten landwirtschaftlichen Fläche beteiligt. Am nächsten steht hier Pommern mit 42,75 ha, dann Westpreussen mit 45,53 und Schlesien mit 47,29 ha. Ostpreussen und Brandenburg haben über die Hälfte der landwirtschaftlichen Fläche derartigen bäuerlichen Besitz. In den kleinen Wirtschaften von 2—5 ha stehen sich die östlichen Provinzen mit 2—3 ha auf 100 ha ziemlich gleich, bis auf Schlesien, welches in dieser Kategorie 8.67 ha, also 3—4 mal so viel aufweist. Der Parzellenbesitz unter 2 ha tritt in Posen mit 0,55 ha auf 100 ha ganz zurück, nur in Pommern ist er noch geringer (0.45.) Derartig auf die landwirtschaftliche Fläche reduziert, überwiegt der Grossgrundbesitz über 100 ha mit 61.22 % noch mehr als oben nach der Gesamtfläche angegeben.

Der Boden der Provinz[1]) ist im allgemeinen ein mittlerer mit Lehm und Sand gemischter Boden. Diese Art Böden herrschen im Regierungsbezirk Bromberg mit 43,8, im Regierungsbezirk Posen mit 50,8 % vor. Der Charakter des Schwemmlandes mit seinen beinah unvermittelten Übergängen von Sandschalen zu Moor- und Bruchländern, von leichteren, sandigeren Höhenlagen zu lehm- und humusreichen Gründen macht sich überall geltend, daher die so grosse Bodenverschiedenheit selbst in kleineren Bezirken. Die Sandböden finden sich vornehmlich am Laufe der Flüsse, am Ufer der Netze in den Kreisen Kolmar (61.4 %) Czarnikau (65.9 %), an der Weichsel im Kreise Bromberg (54.1 %), in der Niederung der oberen Bartsch in den Kreisen Adelnau (51 %) und Schildberg (60 %) und im Obrathal in den Kreisen Meseritz (55 %) und Fraustadt (59 %). Charakteristisch ist, dass das rechte Wartheufer meist Sand- und Waldboden aufweist, während an das linke in der Regel ausgezeichnetes Ackerland stösst. So findet man im Kreise Birnbaum und dem neuen Kreise Schwerin a. W. das rechte Wartheufer sandig und mit Kiefern aufgeforstet, während im Süden bei Zirke der Boden gut ist. Diese Forsten, mit wenig Dörfern durchsetzt, ziehen sich nördlich der Warthe bis in die Gegend von Obornik, während links der Warthe die Ortschaften, infolge des reicheren Bodens, in den Kreisen Samter, Obornik und Posen viel enger zusammenliegen. Im Kreise Posen ist ein grosser sandiger Hügelzug rechts der Warthe von Schwersenz bis in die Gegend von Murowana-Goslin (Kreis Obornik) bemerkbar. Auch der Kreis Schrimm ist in seinem nördlichen und östlichen Teile rechts der Warthe bedeutend leichter als auf dem anderen Ufer. Der Kreis Schroda, der sonst der Bodengüte nach mit Kujawien wetteifern kann, hat im Süden an der Warthe seinen meisten Sand; im Kreise Wreschen ist die Gegend südlich von Miloslaw bis zur Warthe von sandigen Kuppen durchzogen. Als bevorzugte Gegend mit humosem Lehm- oder sandigem Lehmboden gelten die Kreise Inowrazlaw, Schroda, Kosten, Kröben und Krotoschin. Aber auch in den anderen Kreisen ist Weizen- und Rübenboden bald in

---

[1]) cfr. Kleus, Landeskulturgesetzgebung für die Provinz Posen, p. 6.

grösserer, bald in geringerer Ausdehnung zu finden, selbst im Kreise Bomst, dessen Boden meist als Haferboden bonitiert ist, finden sich Güter mit Weizenboden, und der schlechteste Kreis Meseritz hat in unmittelbarer Nähe der Kreisstadt ausgezeichnete Ländereien. Die an der russischen Grenze belegenen Kreise, wie Gnesen, Pleschen, Schildberg stehen in dem Rufe grösserer Kaltgründigkeit, durch welche die Ernte auch auf besseren Böden beeinträchtigt wird, während der Kreis Mogilno durch seinen warmen, milden Lehmboden bekannt ist.

Im allgemeinen ist die Bodenbeschaffenheit der Provinz besser als vielfach angenommen wird. Einen Überblick über die prozentische Verteilung des Ackerlandes nach den acht Bonitierungsklassen der Grundsteuereinschätzung giebt folgende, nach Meitzens Angaben berechnete Tabelle:

Nummer	Kreise (alte Kreisordnung)	Von 100 ha der Kreisackerfläche kommen ha in Ackerklasse							
		I	II	III	IV	V	VI	VII	VIII
1	Bromberg	0,159	1,080	9,802	27,049	22,706	13,816	11,767	12,013
2	Kolmar i. P.	0,327	0,941	4,117	10,816	22,085	28,104	20,311	13,497
3	Czarnikau	0,092	1,404	5,084	11,074	28,941	29,002	24,278	—
4	Gnesen	0,033	0,534	4,285	16,784	33,214	22,984	17,616	4,514
5	Inowrazlaw	1,701	10,233	26,975	22,886	11,775	13,016	8,840	4,536
6	Mogilno	0,294	0,780	5,411	28,120	33,619	19,415	8,894	3,402
7	Schubin	0,023	0,494	3,941	20,274	24,058	27,885	16,542	6,436
8	Wirsitz	0,003	0,231	1,492	9,549	34,221	37,568	13,529	3,372
9	Wongrowitz	0,098	0,627	3,620	14,698	35,476	30,770	11,409	3,281
	Rgbz. Bromberg	0,372	2,249	8,215	18,288	27,131	24,251	14,068	5,422
10	Adelnau	0,147	1,796	12,021	31,128	26,806	15,919	9,543	2,637
11	Birnbaum	0,041	0,113	1,392	4,703	14,307	28,889	31,985	18,616
12	Bomst	0,027	0,540	1,308	5,054	21,889	38,836	31,511	0,831
13	Buk	0,039	0,738	4,453	18,406	28,853	25,175	14,580	7,753
14	Fraustadt	0,485	2,619	8,131	21,467	26,882	25,359	12,305	4,747
15	Kosten	0,013	0,523	4,050	19,332	37,730	23,032	12,369	2,946
16	Kröben	0,074	2,444	22,228	34,498	25,226	11,678	3,255	0,593
17	Krotoschin	0,039	0,406	5,536	20,408	38,807	29,574	4,565	0,660
18	Meseritz	0,215	0,712	2,235	5,979	10,510	26,384	38,308	15,652
19	Obornik	0,038	1,268	7,049	20,791	37,912	19,290	11,000	2,649
20	Pleschen	0,029	1,300	7,775	28,642	36,516	18,823	5,762	1,081
21	Posen	0,016	0,795	4,104	12,860	36,836	29,359	11,376	4,650
22	Samter	0,062	0,352	4,698	29,776	34,768	16,001	8,738	5,713
23	Schildberg	0,023	1,143	6,656	16,337	23,692	29,021	17,905	5,220
24	Schrimm	0,004	0,335	3,083	10,892	28,460	28,638	21,994	6,591
25	Schroda	0,141	1,330	9,778	31,157	35,156	14,054	7,227	1,153
26	Wreschen	0,326	1,742	13,188	27,648	31,594	17,129	7,444	0,926
	Rgbz. Posen	0,096	1,073	7,045	20,289	29,733	22,891	13,909	4,960

Die relativ niedrigen Preise für Grund und Boden in Posen gegenüber denjenigen anderer Provinzen liegen zum Teil in den niedrigen Ernteertragsverhältnissen. Schon der Vergleich des Grundsteuerreinertrages zwischen den verschiedenen Provinzen lässt erkennen, dass Posen früher hinter anderen Landesteilen sehr zurückstand.

Sind die Erträge auch nicht mit denjenigen westlicher Provinzen zu vergleichen, so ist deshalb dem Boden nicht die Schuld zu geben, sondern dem Umstande, dass die Provinz nach der heillosen Misswirtschaft und Verwahrlosung vergangener Jahrhunderte in den ersten Stadien landwirtschaftlicher Entwicklung sich befindet. Es ist nicht der Boden, sondern die Kürze und die Art der Bodenkultur, die dies Zurückbleiben der landwirtschaftlichen Ernteerträge hinter anderen Gegenden begründet. Eine rationelle Bewirtschaftung des Bodens war früher weder beim Grossgrundbesitzer noch beim Bauer zu finden. Der polnische Adel liess seine Güter durch zum Teil unfähige Beamte bewirtschaften, während er sich selbst der Wirtschaft wenig annahm und zumeist von seiner Scholle abwesend, besonders im Ausland war, und der polnische Zinsbauer that nicht mehr für den Acker, als unumgänglich nötig war, um von der Hand in den Mund zu leben. Bei dem grösstenteils ebenen Lande war die Entwässerung eine Hauptlebensfrage, da der Boden selbst meist infolge seiner Lehm- und Mergelunterlage undurchlässig ist. In früherer Zeit wurden jedoch wenig Gräben oder oft unzweckmässige gezogen, meist nach dem natürlichen Lauf der Rinnsale krumm und schief angelegt. Wurden die vorhandenen Gräben dann auch nicht geräumt, was vielfach unterblieb, so war die Folge, dass der Boden sauer und wasserhart wurde, dass man im Frühjahr zu spät auf die Felder gelangte, die Bestellung oberflächlich gemacht wurde, und die Saaten auswässerten. Es half bei einer derartigen Beschaffenheit des Ackers nichts, dass man ihn in halbe Ruten breiten Beeten pflügte, auf deren Rücken nur die grüne Saat zu sehen war, während sie nach den Furchen zu vergilbte und verkümmerte; die Ernten waren unter solchen Voraussetzungen mehr als gering, und häufig wurde kaum die Aussaat wieder geerntet. Es ist begreiflich, dass nach einem solchen andauernd extensiven Wirtschaftssystem erst eine Reihe von Jahrzehnten dazu gehört, um eine derartig heruntergewirtschaftete Provinz zu dem Kulturfortschritt zu bringen, dass sie in ihren Erträgen mit anderen Provinzen konkurrieren kann. Für den Zeitraum von 1859—66 ergeben sich die folgenden Ernteresultate im Durchschnitt pro ha (in kg):[1]

	Weizen	Roggen	Gerste	Hafer
Posen	1308	1097	1121	899
Preussen	1334	1300	1446	1079
Pommern	1446	1150	1218	1142
Brandenburg	1391	1009	1373	1075
Schlesien	1336	1220	1517	1338
Sachsen	1489	1367	1614	1447

Für die Neuzeit sind folgende Ernteertragszahlen nach der Preussischen Statistik berechnet worden. 1878—1894: Kilogramm pro Hektar

	Weizen	Roggen	Gerste	Hafer
Posen	1013	807	872	781

[1] Berechnet nach den Zahlen bei MEITZEN, der Boden etc., IV, 526.

Die Erträge in Winterung differieren von denen der anderen östlichen Provinzen nicht in dem Masse, wie die der Sommerung, deren Sicherheit erst eine Errungenschaft höherer landwirtschaftlicher Kultur ist, die in der Provinz Posen noch in den Anfängen liegt. Man muss auch anführen, dass diese schätzungsweise gemachten Aufstellungen von der subjektiven Anschauung des einzelnen getrübt sind, und es ist unleugbar, dass diese Ernteertragsermittelungen wesentlich infolge der oft beispiellos niedrigen Ernten der Bauern ein stark herabgedrücktes Resultat liefern, während es Thatsache ist, dass in grösseren rationell geleiteten Wirtschaften die Ernteergebnisse wesentlich höher sind. Dass bei der Vergleichung der Erträge im Osten der Monarchie, insbesondere auch in Posen, das *Klima* eine bedeutsame Rolle spielt, ist ohne Zweifel. Der jähere Übergang vom Winter zum Sommer, der Mangel einer gedeihlichen Frühjahrswitterung, die geringeren Regenfälle in der Zeit der Hauptvegetation, sowie die grössere Hitze im Sommer kürzen die Zeit der Entwickelung der Pflanzen ab und schmälern dadurch die Erträge der Früchte, welche auf einem Boden mit älterer Kultur diesen schädlichen Witterungseinflüssen eher Widerstand zu leisten vermögen, indess hier im Osten klimatische und kulturelle Momente doppelt die Ernte herabmindern. Häufig treten im Osten in den Monaten Mai und Juni trockene Ostwinde auf, die die Feuchtigkeit aus dem Lande ziehen und somit das Gedeihen der Sommerungs- und Kleefelder im Verein mit den im Mai und Anfang Juni vorkommenden Nachtfrösten beeinträchtigen und die Reife zum Schaden für den Ertrag beschleunigen, sodass der erste Roggen meist um den 15. Juli, auf leichteren Böden noch eher gemäht wird und die gesamte Getreideernte Mitte bis höchstens Ende August ihr Ende erreicht. Nicht wenig wird diese grössere Trockenheit im Sommer, dieses rasche Verschwinden der Winterfeuchtigkeit aus der Ackererde durch die regellose Forstwirtschaft veranlasst, durch welche im vorigen und zu Anfang dieses Jahrhunderts die Provinz den grössten Teil ihrer Wälder eingebüsst, wenigstens erheblich verschlechtert hat. In Zeiten landwirtschaftlicher Krisen war der Wald das Aushilfsmittel, zu dem man griff, um sich Geld zu verschaffen, ohne dass man an eine Wiederaufforstung nach regulärem Umtrieb dachte. Auch trugen zur Entwaldung die vielfach auf Forstgrund angelegten Hauländereien bei, sodann machte der Zuwachs der Bevölkerung, die seit Beginn des Jahrhunderts um mehr als das doppelte gestiegen ist, die vermehrte Heranziehung von Ackerland zur Bestreitung des gestiegenen Anspruches an Nahrungsmittel und somit die Abholzung weiterer Strecken notwendig. Das Verhältnis der Forstflächen zu den Acker-, Wiesen- und Weideflächen in den einzelnen Kreisen ist das folgende. Es verhält sich die Forst zum landwirtschaftlich nutzbaren Land wie folgt:[1]

Alte Kreise.

Bromberg .	1 : 1,42	Gnesen . . .	1 : 5,10
Kolmar . .	1 : 2,30	Inowrazlaw	1 : 6,02
Czarnikau . .	1 : 1,26	Mogilno	1 : 7,63

---

[1] Berechnet nach den Zahlen bei METTZEN IV, 32 ff.

Schubin	1 : 3,51	Pleschen	1 : 4,38
Wirsitz	1 : 7,62	Posen	1 : 5,83
Wongrowitz	1 : 6,34	Samter	1 : 5,72
Adelnau	1 : 3,20	Schildberg	1 : 3,20
Birnbaum	1 : 1,33	Schrimm	1 : 3,55
Bomst	1 : 2,71	Schroda	1 : 7,32
Buk	1 : 3,66	Wreschen	1 : 6,43
Fraustadt	1 : 3,66	Regierungsbezirk Bromberg	1 : 3,26
Kosten	1 : 6,25	„ Posen	1 : 3,49
Kröben	1 : 7,62	Provinz Posen	1 : 3,39
Krotoschin	1 : 5,53	Preussischer Staat	1 : 2,76
Meseritz	1 : 1,91	(alte Provinzen)	
Obornik	1 : 2,90		

 Die Wälder ziehen sich also meist durch den Norden der Provinz nördlich der Warthe und südlich der Netze durch die Kreise Birnbaum, Czarnikau, Obornik und Kolmar, in der Obraniederung durch die Kreise Bomst und Meseritz; weiter finden sie sich in der Weichselgegend bei Bromberg und im Süden der Provinz, in den Kreisen Adelnau und Schildberg. Im grossen und ganzen sieht man, dass die Waldungen den Sandböden folgen. Das Acker-, Wiesen- und Weideland überwiegt das Forstland beinah um das $3^{1}/_{2}$ fache, während es im preussischen Staat nur das $2^{3}/_{4}$ fache des Forstlandes ausmacht. Von der Gesamtfläche der Provinz Posen bilden die Forsten nur den 5. Teil, woraus hervorgeht, dass die Betriebsamkeit vorwiegend auf landwirtschaftliche Thätigkeit gerichtet ist.

 Das Wiesenverhältnis ist, abgesehen von einigen besonders begünstigten Gegenden, kein gutes. Es giebt viele Güter, deren Viehhaltung heutzutage ganz auf Futterbau basiert ist. Vielfach sind in der Provinz in die Ackerländereien Wiesenstücke, von Grasbülten und verkrüppelten Weiden bedeckt, eingesprengt, die als Wiese wertlos sind, jedoch nach der Drainage einen tragfähigen Acker abgeben. Derartige Wiesen und Hutungen lieferten früher in reinen Körnerwirtschaften in der Regel das Heu und die Weide für das Vieh, welches von Mitte Mai bis in den November hinein ausgetrieben wurde, wie man es noch heute bei den Bauern sieht. Aus nachfolgender Aufstellung ist zu ersehen, dass zwei Drittel der alten Kreise an Wiesenausdehnung unter dem Durchschnitt der Provinz stehen. Es verhält sich das Wiesenland zum Acker wie folgt:[1]

Alte Kreise.

Bromberg	1 : 7,3	Birnbaum	1 : 7,6
Kolmar	1 : 4,2	Bomst	1 : 3,9
Czarnikau	1 : 3,4	Buk	1 : 9,1
Gnesen	1 : 13,2	Fraustadt	1 : 5,9
Inowrazlaw	1 : 10,2	Kosten	1 : 4,8
Mogilno	1 : 10,3	Kröben	1 : 7,7
Schubin	1 : 5,2	Krotoschin	1 : 12,8
Wirsitz	1 : 4,8	Meseritz	1 : 7,1
Wongrowitz	1 : 7,9	Obornik	1 : 7,1
Adelnau	1 : 4,0	Pleschen	1 : 11,9

[1] Berechnet nach den Zahlen bei MEITZEN IV, 32 ff.

Posen . .	12,4	Wreschen	14,9
Samter . .	10,1	Regierungsbezirk Bromberg .	6,6
Schildberg .	6,2	„ Posen	7,5
Schrimm	7,9	Provinz Posen	7,1
Schroda .	10,6		

Voran stehen hier in Bezug auf Ausdehnung und Güte die Netzwiesen in den Kreisen Czarnikau, Kolmar und Wirsitz. Besonders gut sind diese Wiesen unterhalb Usch, wo die Küddow in die Netze tritt; oberhalb Usch, nach Nakel zu, sind sie vielfach torfig und oft nur durch zweckmässige Ent- und Bewässerung nutzbar. Diese Wiesen, wie auch die Warthewiesen im Kreise Birnbaum sind teilweise bis zu 72 Mk. Grundsteuerreinertrag pro Hektar eingeschätzt. Am wenigsten Wiesen haben die Kreise Wreschen, Gnesen, Krotoschin, Posen, Pleschen, Schroda, Inowrazlaw und Samter. Im Durchschnitt die besten Wiesen hat der Kreis Czarnikau mit einer mittleren Grundsteuereinschätzung von 24,8 Mk. pro Hektar, und Schroda (21,2 Mk. pro Hektar.) Die schlechtesten Wiesen sind in den Kreisen Bomst (7,2 Mk. pro Hektar), Meseritz (7,2 Mk. pro Hektar), Adelnau (8,4 Mk. pro Hektar) und Wongrowitz (11,2 Mk. pro Hektar) zu finden.

Der Mangel an Wiesen hat denn auch heutzutage den Futterbau wesentlich erweitert. Im Zusammenhang damit steht die noch ziemlich bedeutende Ausdehnung der Brache in der Provinz, die zur Weide benützt wird. Die Brachwirtschaft schmälert gleichfalls den Reinertrag und drückt den Preis des Grund und Bodens. Allerdings ist auch in Posen eine Minderung der gebrachten Flächen und Weiden zu erkennen. Auf 100 ha des Acker- und Gartenlandes kamen an Brach- und Weideland:

in Posen 1883	13,3 ha	in Brandenburg 1893 .	8,7 ha
„ „ 1893 . . .	9,5 „	„ Pommern 1883	21,1 „
„ Ostpreussen 1883	23,8 „	„ „ 1893	17,3 „
„ „ 1893 .	20,4 „	„ Schlesien 1883	3,6 „
„ Westpreussen 1883	17,7 „	„ „ 1893	2,2 „
„ „ 1893	13,7 „	„ Sachsen 1883	5,9 „
„ Brandenburg 1883 .	11,8 „	„ „ 1893	1,1

Man sieht, dass Ost- und Westpreussen, sowie Pommern eine noch extensivere Wirtschaft betreiben. In Posen ist man im allgemeinen zur Fruchtwechselwirtschaft übergegangen, allerdings vielfach noch mit Brache. Es mögen drei typische Fruchtfolgen, wie sie gegenwärtig in mittleren Wirtschaften bestehen, folgen:

Kreis Bomst: 1. Klee, 2. Brache, 3. Roggen, 4. Gemenge, 5. Roggen, 6. Kartoffeln, 7. Hafer oder Gerste (mittlerer Boden).

Kreis Ostrowo: 1. Klee, 2. Brache, 3. Weizen, 4. Rüben, 5. Hafer, 6. Klee (einj.), 7. Roggen, 8. Kartoffeln, 9. Hafer (schwerer Boden).

Kreis Samter: 1. Klee, 2. Brache, 3. Weizen, 4. Roggen, 5. Kartoffeln, 6. Gemenge, 7. Roggen, 8. Kartoffeln, 9. Hafer (mittlerer Boden).

Da die Fruchtpreise einen wesentlichen Einfluss auf die Bodenpreise ausüben, so ist es von Wert, die Anbauflächen der verschiedenen Hauptgattungen von landwirtschaftlichen Früchten festzustellen. Von 100 ha des Ackerlandes kamen in Posen:

auf Getreide	1883: 61,4 ha	auf Handelsgewächse	1883: 0,7 ha	
	1893: 63,4 „	„ „	1893: 0,4 „	
Hackfrüchte	1883: 16,6 „	„ Futterpflanzen	1883: 7,2 „	
	1893: 17,7		1893: 7,9 „	

Inbezug auf den Getreidebau steht Posen unter den 7 östlichen Provinzen nur Schlesien (65,4 $^0/_0$) nach; inbezug auf den Hackfruchtbau steht es über Ostpreussen (9,5 $^0/_0$), Westpreussen (14,3 $^0/_0$) und Pommern (13 $^0/_0$), jedoch unter Schlesien (19,7 $^0/_0$), Brandenburg (19,1 $^0/_0$) und besonders unter Sachsen (23,7 $^0/_0$).

Kapitel II.
Die Wertentwickelung des Grund und Bodens in der Provinz Posen.
1. Die Art und Weise der statistischen Erhebung des Materials.

Nach der einleitenden Übersicht über die Grundbesitz- und Bodenverhältnisse der Provinz kann nunmehr zur Betrachtung der Bodenpreise geschritten werden. Hier ist es notwendig, die Gesichtspunkte festzustellen, nach welchen das den Landschaftsakten entnommene Material gruppiert wurde. Vor allem musste bei Zusammenstellung dieser Preise nach dem rechtlichen Grund der Besitzübertragung gefragt werden. Es schieden sich hier drei Kategorien voneinander: die Besitzveränderungen durch Kauf, durch Erbfall und durch Subhastation. Der jeweilige Rechtsgrund dieser Eigentumswechsel pflegt auf die Höhe des Preises von Einfluss zu sein. Die freihändigen Verkäufe werden meist den zur Zeit landesüblichen Verkehrswert der Güter darstellen, trotzdem auch bei diesen mancherlei Momente mitwirken, nach welchen die Güter über oder unter ihrem thatsächlichen Wert bezahlt werden. Der Übernahmewert in Erbfällen, sowie der Zuschlagspreis in Zwangsversteigerungen steht meist, besonders im letzteren Falle unter dem wirklichen Wert. Bei Vererbungen ist es häufig üblich, dem Erben das Gut billiger anzurechnen und bei Versteigerungen fallen die Schuldentitel der zuletzt eingetragenen Hypothekengläubiger aus und schmälern den Preis um die Summe dieser Ausfälle. Als Kauf wurden alle Verkäufe aus freier Hand unter Fremden, Tauschgeschäfte und freiwillige Versteigerungen, als Erbfall alle Vererbungen und Schenkungen an Kinder, Verwandte etc., kurz alle Erbfälle in der Familie, als Subhastation alle Zwangsversteigerungen gezählt, soweit das landschaftliche Material die gezahlten Preise ersehen liess.

Ein weiterer Punkt der Ermittelung war die Frage nach dem Umfang der veräusserten Güter, dabei musste genau festgestellt werden, wie sich im Laufe der Zeit das Areal eines bestimmten Gutes oder Grundstückes vergrösserte oder verminderte, und diese Flächenveränderung in Anschlag gebracht werden. Einerseits haben sich vielfach in der Provinz mittlere und kleinere Güter durch Zukauf von Wirtschaften vergrössert, andererseits sind, besonders während der Separation, von grösseren Gütern kleine Grundstücke abgezweigt worden und dadurch eine Anzahl neuer Bauernhöfe entstanden. In der Regel war bei der Angabe des Preises auch die Grösse der Besitzung angegeben; nur bei älteren war sie bisweilen nicht ersichtlich und musste, bei einem späteren Besitzwechsel des Gutes, durch die dort gegebene Grössenzahl ersetzt werden, wenn sich voraussetzen liess, dass in der älteren Zeit keine nennenswerte Flächenveränderung vorgekommen war. Nur durch die Vergleichung der Gutsgrösse und des Gutspreises konnte nachher der Durchschnittspreis pro Hektar gefunden werden. Die alten Flächenmasse, preussische, polnische und kulmische Morgen wurden bei der Berechnung in Hektare, die Thaler und polnischen Gulden in Mark umgerechnet. Schwer zu bestimmen war der bei den Besitzveräusserungen häufig nicht angegebene Wert der Altenteile, Leibgedinge, Wohnungs- und Nutzungsrechte; hierbei mussten je nach der Grösse des betreffenden Gutes und dem Charakter der Rente Unterschiede gemacht werden. Als Anhalt dienten analoge Fälle, in denen wirkliche Preisangaben gemacht waren. Kapitalisiert wurden derartige Renten, wie auch bei den Landschaftstaxen üblich, mit dem 20 fachen Betrage und zum Kaufpreis geschlagen.

Die Güterpreise verstanden sich in den weitaus meisten Fällen mit Einschluss der Gebäude und des Inventars. Bei Untersuchungen über die Bewegung der Grundbesitzpreise wird es wohl auch stets üblich sein, Gebäude und Inventar als einen integrierenden Bestandteil des ländlichen Besitztums anzunehmen, weil letzteres erst dadurch in seinem vollen Werte bestimmt wird; auch steht der Wert des Gutes zu dem Gebäude- und Inventarwert, wenngleich nicht immer, so doch im grossen Durchschnitt in annähernd gleichem Verhältnis.

Nur ausnahmsweise fand sich die Angabe „ohne Inventar." Es wurden dann solche Fälle ausgeschieden, oder wo es angebracht erschien, eine Ziffer, die schätzungsweise unter Berücksichtigung der Zeit den Inventarwert angab, eingesetzt.

Da bei der Preisentwickelung der kleineren Besitzungen wesentlich andere Momente einwirken, als bei der der grösseren Güter, so ergab sich ferner die Notwendigkeit, die Güter nach ihrer Grösse in Gruppen zu ordnen Die Preisaufwendung für grosse Güterkomplexe, an denen die Provinz einen so hervorragenden Anteil hat, ist naturgemäss für die Flächeneinheit nicht so gross wie bei Bauerngütern, namentlich nicht bei solchen Grossgütern, die, wie es bisweilen noch geschieht, extensiv bewirtschaftet werden und daher nicht so hohe Erträgnisse haben. Mittlere Güter sind gewöhnlich in höherer Kultur und erfordern deshalb mehr Kapital; Bauerngüter sind vielfach nicht so hoch kultiviert, erlangen aber einen höheren Preis für die Flächeneinheit, weil sich mehr Käufer finden. Eine besondere Gruppe von 0—10 ha musste verworfen werden, weil der Fälle kleinster Gutsverkäufe bei dem sporadischen landschaftlichen Material zu wenig waren. Danach mussten die Besitzungen der kleineren spannfähigen Wirte, die auf Grundstücken von 5—10 ha wirtschaften, der Halb- oder Viertelbauern (Polowniks), Mietsleute (Komorniks), Gärtner (Zagrodniks) und Häusler (Chalupniks) mit der unteren Gruppe der Bauern zusammen betrachtet werden. Die Unterscheidung in Grössenklassen geschah folgendermassen:

I. Kleinbesitz 0— 50 *ha* a) 0— 30 *ha* kleinbäuerliche Güter,
                         b) 30— 50 „ grossbäuerliche Güter,
II. Mittelbesitz 50—300 „ a) 50— 100 „ } kleine Landgüter,
                         b) 100— 200 „ }
                         c) 200— 300 „ mittlere Land- und Rittergüter,[1])
III. Grossbesitz über 300 .. a) 300— 500 „ grössere Rittergüter und Landgüter,
                         b) 500—1000 „ grosse Rittergüter.
                         c) über 1000 „ Herrschaften.

    Schwieriger war es, die Bodenpreise mit der Güte des Bodens in Beziehung zu setzen, da selten grössere Verschiedenheiten im Boden gefunden werden als in der Provinz Posen, und das Ackerland selbst in einem Kreis keine in sich geschlossene Einheit bildet, sondern oft vom reichsten bis zum ärmsten Boden wechselt. Vergleicht man den Kreis Inowrazlaw mit seiner bis 2 Fuss mächtigen Humusschicht, die durch ihre Lehm- und Mergelunterlage den so ausgezeichneten kujawischen Boden bildet, mit dem Kreis Schildberg, dessen sandige Anhöhen stellenweise kaum die Aufforstung verlohnen und dessen sterile Lehmberge keine Bebauung ermöglichen, oder mit dem Kreise Meseritz, wo durch die Abholzung der Wälder die Äcker vielfach durch Flugsand verweht wurden, dass sie nicht mehr nutzungsfähig waren, so wird man erklärlich finden, dass sich hier der Grund und Boden äusserst verschieden bewerten muss. Jeder Landwirt in der Provinz weiss, dass nach Inowrazlaw die Kreise Kosten, Kröben, Schroda die besten sind, und Bomst, Kolmar, Schildberg, Czarnikau, Birnbaum, Meseritz zu den am wenigsten ertragsfähigen gehören. Aber selbst in den letzteren finden sich zum Teil Güter, die mit ihrem Boden und ihren Erträgen mit den besten Kreisen wetteifern können. Die Bodenpreise in den einzelnen Kreisen zu betrachten, dazu reichte das Material nicht aus, weil alsdann zu wenig Fälle auf die verschiedenen Grössenklassen gekommen wären. Ausserdem sind, wie schon bemerkt, die Kreise an sich in der Bodengüte nicht völlig gleich. Wollte man eine Vorstellung gewinnen, wie sich der gute Boden höher bewertet als der leichte Boden, so musste man nach der Grundsteuereinschätzung grössere Gruppen von Kreisen verbinden. Um möglichst viel Zahlen in jeder Gruppe zu erhalten, sind die Kreise nur in drei Gruppen geschieden worden, in solche mit durchschnittlich leichtem, mittlerem und schwerem Boden.

    Nach der Grundsteuerveranlagung ordnen sich die (alten) Kreise nach Reinerträgen wie folgt:[2])

	Reinertrag pro Mrg. in Sgr.		Reinertrag pro Mrg. in Sgr.
Inowrazlaw	32	Fraustadt	24
Kröben	32	Wirsitz	24
Schroda	28	Posen	23
Kosten	25	Wreschen	23
Krotoschin	25	Obornik	22

---

[1]) Rittergutsqualität in Posen 1000 Morgen Land, wovon 500 urbar: MEITZEN a. a. O. I, 540.

[2]) MEITZEN IV, 362, 606.

	Reinertrag pro Mrg. in Sgr.		Reinertrag pro Mrg. in Sgr.
Mogilno	22	Schrimm	19
Wongrowitz	21	Adelnau	19
Schubin	21	Schildberg	16
Pleschen	21	Kolmar	15
Buk	21	Czarnikau	15
Samter	20	Bomst	14
Bromberg	20	Birnbaum	12
Gnesen	20	Meseritz	12

Unter Zugrundelegung dieser Ertragsermittelungen sind die Preise der Güter für drei grosse Bodenkategorien zusammengestellt worden. Allerdings darf man sich nicht verhehlen, dass solche Unterscheidungen ihre Schwächen haben, nur im grossen und ganzen konnte ein wenigstens einigermassen gleichartiges Bild daraus gewonnen werden. Denn wie sich in gering bonitierten Kreisen Güter mit gutem Boden eingesprengt finden, so giebt es in gut bonitierten Kreisen Güter, die in ihrem *Wirtschaftsbetrieb* den guten Boden nicht so verbessert haben, dass er höhere Erträge und Preise erzielen könnte. In der Güte der Wirtschaftsysteme liegt diese zweite Verschiedenheit. Neben Gütern, die früher infolge ihrer ebenen Lage und des mangelhaften natürlichen Abflusses als nass und kalt bekannt waren, und somit von der Einschätzungskommission in die 5. und 6. Ackerklasse statt in die 3. und 4. verwiesen wurden, die aber jetzt durch die Drainage aufgeschlossen und zu höheren Erträgen gebracht wurden, bestehen Wirtschaften auf hoch eingeschätzten Böden weiter, die kein Kapital auf Entwässerung verwandten, in denen noch die alte Wirtschaftsweise mit ausgedehnter Brache, Weidewirtschaft, knappem Hackfruchtbau und flacher Bodenkultur betrieben wird. Zu dieser wirtschaftlichen Verschiedenheit der Güter, die neben der Bodenbeschaffenheit die Preise in einer Gegend und in einem Zeitraum so sehr voneinander differieren lässt, gehört auch der Wert der Gebäude und des Inventars, der bekanntlich auf verwahrlosten Gütern der Provinz nur einen höchst geringen Teil[1]) des Gutswertes ausmacht, wogegen er auf rationell bewirtschafteten, namentlich bei leichteren Böden, sehr ins Gewicht zu fallen pflegt. Ferner liess sich keine Unterscheidung zwischen Ackerland und Waldland machen, da die Preise sich nur auf die Gesamtfläche der Güter oder Grundstücke bezogen und den Preis des Forstbodens nicht besonders erkennen liessen. Auf alle diese Momente, die bei der Preisbildung des Grund und Bodens so ungemein bestimmend einwirken, und oft anders als man sich den Gang der Preisentwicklung denkt, muss hingewiesen werden, um eine plötzliche unerklärliche Divergenz in den Preisen zu begründen, da es vorkommt, dass in einem früheren Zeitraum Güter mit leichterem Boden, aber rationeller Kultur oft höher bewertet sind, als Güter mit schwerem Boden aber mangelhaftem Wirtschaftsbetrieb, auch wenn sie erst in der neusten Zeit verkauft wurden.

---

[1]) Über die Bewertung des Inventars cfr. Tabelle XIV.

Wohl die wichtigste Art der Unterscheidung der Preise ist die nach gewissen Zeiträumen, weil damit erst das Bild der Entwicklung der Grundwerte gewonnen werden kann. Es lag in der Eigentümlichkeit des Zahlenmaterials, welches für die fernere Zeit seltener Preisnotizen vorfinden liess, dass die Zeit vor 1870 in Jahrzehnte, die nach 1870 in Jahrfünfte eingeteilt wurde.

Nach diesen Grundprinzipien wurden die Preise für landschaftlich beliehene Güter aus den Akten ausgezogen, gesammelt und registriert. Für die jüngere Zeit war die Quelle der Auffindung der Zahlen das seit 1864 von der Landschaft angelegte Güterpreisverzeichnis, in welches alle Veräusserungswerte der von der Landschaft bepfandbrieften Güter eingetragen sind. Es fehlen in diesem nur die Subhastationspreise. Da es aber darauf ankam, möglichst viel Zahlen aus der ferneren Vergangenheit zu gewinnen, so musste auf die Akten zurückgegangen werden. Die Akten der 1893 (des Jahres der Erhebung) beliehenen Güter (ungefähr 6000) wurden alle möglichst eingehend geprüft. Besonders die Akten der Hauptgesellschaft boten wertvolles älteres Material. Auch wurden die gerade im Umlauf befindlichen Aktenstücke später ausgezogen, soweit sie zu erlangen waren. In den Akten wiederum waren die Quellen der Güterpreise die Taxberichte über die taxierten Güter; hier fanden sich auch Preise aus älterer Zeit nach mündlichen Angaben der Besitzer oder nach Hypothekenbuchauszügen vermerkt. Die Subhastationspreise musste man aus den meist sehr umfangreichen Verhandlungen zu finden suchen. Es waren begreiflicherweise nie dieselben Güter, die in jedem Jahrzehnt bezw. Jahrfünft mit ihren Preisen wiederkehrten: ein und dasselbe Gut wurde in 10 Jahren vielleicht dreimal, ein anderes dagegen in dreissig Jahren nur einmal veräussert. Es ergiebt sich daraus, dass zur Vergleichung der einzelnen Zeiträume nie das gleiche Material herangezogen werden konnte, sondern bisweilen der Fall eintrat, dass sich in dem einen Abschnitt nach Boden und Wirtschaft wertvollere, in dem anderen dagegen wertlosere Güter zusammenfanden. Jedoch ist bei der Menge der beobachteten Fälle eine solche Fehlerquelle, wenn auch nicht ganz ausgeschlossen, so doch wesentlich gemildert und verschwindet bei der Aufstellung der Durchschnittspreise für das Hektar fast gänzlich. Auch wird man bei jeder Grundpreisstatistik mit diesem Mangel zu rechnen haben, da sich hier die Preise nicht, wie bei den Getreidepreisen, von Monat zu Monat und von Jahr zu Jahr verfolgen lassen, sondern sich innerhalb der verschiedenen Gruppen immer nur ähnliches vergleichen lässt. Es ist dies die Besonderheit der Grundpreisvergleichung, auf welche hingewiesen und die stets berücksichtigt werden muss.

Die Tabellen sind in der Weise aufgestellt worden, dass *nicht* die *einzelnen* Güter und Grundstücke jedes für sich aufgezeichnet worden, weil dies Verfahren einen ungemein grossen Raum beansprucht hätte; vielmehr sind in den Tabellen für jeden Zeitraum, gesondert nach Rechtsgrund, Boden und Grössenklasse nur die Endsummen der inbetracht kommenden Zahlen angegeben. Hinter der Rubrik mit der Angabe der absoluten Preise befindet sich jedesmal eine Rubrik, welche die Zahl der zugehörigen Altenteile angiebt. Die Altenteile sind also nicht in den absoluten Preisen mit enthalten, sondern erst nach den für sie ermittelten Durchschnittswerten in den Hektarpreisen berechnet und *dort* zum Ausdruck gekommen. In der prozentischen Steigerungstabelle, die sich den Hektarpreisberechnungen anschliesst, ist der Zeitraum 1861—70 als Ausgangspunkt angenommen, weil in diesem Zeitraum sich bei allen Grössenklassen das meiste Material fand, und man mit einiger Sicherheit annehmen durfte, dass die für diese Zeit ermittelten Hektarpreise den thatsächlichen Güterpreisen möglichst nahe oder gleich kämen. Die prozentische Berechnung der Grundpreise auch bei den Subhastationen vorzunehmen, hatte keinen Wert, weil Subhastationspreise keinen Beleg für Bodenpreisentwicklung geben können. Es wurde deshalb darauf verzichtet und die prozentische Steigerung nur für Käufe und Erbgänge ermittelt.

2. Die Grundpreise des Kleinbesitzes.
(Siehe Tabellen I und II. S. 26—29.)

Die obere Grenze, bis zu welcher bäuerlicher Besitz anzunehmen ist, wird in Posen, wie auch in Preussen und Pommern, höher hinaufzusetzen sein, als in westlichen Landstrichen. Die Erträgnisse von Grund und Boden sind im Osten infolge der minder langen Kultur nicht so hoch wie in dem länger kultivierten Westen Deutschlands. Die Scholle kann hier nur ein geringeres Mass Landwirtschaft treibender Bevölkerung ernähren, und deshalb zeigen auch die bäuerlichen Besitzungen, auf denen der Ackerwirt mit seiner Familie selbst mitarbeitet oder wenigstens nur wenig fremde Hilfe in Anspruch nimmt, eine grössere Flächenausdehnung als in Gegenden, wo die Erträge höher stehen. Es sind deshalb Güter innerhalb des Kleinbesitzes bis hinauf zu 200 Morgen oder 50 *ha*[1]) angesetzt worden. Die Bauern wohnen in Dörfern, Hauländereien und Abbauten. Die Dorfgemeinden herrschen vor und zwar sind es, wie in den meisten slavischen Landesteilen, geschlossene Dörfer, darunter die Schwabenkolonien aus vorigem und aus diesem Jahrhundert. Die Hauländereien, gleichfalls meist deutsche Gründungen, sind Einzelhöfe, die mehr auseinanderliegen; sie sind in polnischer Zeit auf Grund von Privilegien auf leichterem Boden, gewöhnlich Forstland, besiedelt worden. Die Abbauten oder Ausgebauten sind Gemeinden aus Bauern bestehend, welche früher dem Hauptgut angehörig, bei Regulierung der gutsherrlichen und bäuerlichen Verhältnisse (Gesetz v. 2. März 1850) durch Land abgefunden wurden. Die Dörfer enthalten grössere Bauernhöfe von meist 25—40 *ha* im Durchschnitt, jedoch sind Höfe von 50 *ha*, besonders im Norden der Provinz, nicht selten. Die Hauländereien sind im allgemeinen kleinere Wirtschaften von 15—25 *ha*. Weiter sind in den Dorfgemeinden eine grosse Zahl kleinerer Grundbesitzer ansässig, namentlich findet man deren viel in den Dörfern nach Schlesien und der Mark zu, in welchen beinah ausschliesslich diese kleineren spanndienstfähigen Wirte wohnen. Daneben giebt es Häuslerwirtschaften, die sich keine Zugkraft

---

[1]) cfr. Grundbesitz in der Provinz Posen, pag. 159.

halten können, und die in den Zeiten, wo sie in der Wirtschaft nicht benötigt sind, sich anderen Verdienst als freie Arbeiter beim Drainieren oder im Holzschlag, oder durch unredlichen Erwerb suchen: diese Art Zwergwirtschaften sind jedoch nicht erheblich zahlreich.

Wie bereits erwähnt, nimmt der Bauerngrundbesitz in Posen im allgemeinen eine untergeordnete Stellung ein.[1]) Nach der Statistik nehmen schon Güter von 10—100 ha, also mit einer höheren oberen Grenze, als wir den bäuerlichen Besitz annahmen, noch nicht ein Drittel der Gesamtfläche ein (von 2895654 ha nur 16166 ha oder 32,5$^0/_0$), wogegen dieser Kleinbesitz in Preussen 46,3$^0/_0$ in Deutschland 47,6$^0/_0$ der Fläche umfasst. Auch der Besitz der Halb- und Viertelbauern ist nach seiner Flächenausdehnung geringer als im Durchschnitt von Preussen und Deutschland; er nimmt von der Gesamtfläche der Provinz nur 222357 ha = 16,8$^0/_0$ ein, während er an der Fläche des preussischen Staates mit 19,8, an der von Deutschland mit 25,6$^0/_0$, beteiligt ist. Parzellenwirtschaften unter 1 ha sind in Posen mit 1,4$^0/_0$ der Fläche am seltensten vertreten (in Preussen 2,2, in den 7 östlichen Provinzen 1,7, in Deutschland 2,4$^0/_0$ der Fläche.)

Die Wertentwickelung der kleinen Bauerngüter von 0—30 ha zeigt uns Tabelle I. An Käufen sind 1709, an Erbveränsserungen 1318, an Subhastationen 116 Fälle betrachtet worden. Wir sehen bei den Verkäufen wie bei den Erbfällen eine Steigerung der Preise, bei den ersteren besonders vor 1870; nach 1870 lässt die Steigerung allmählich nach bis auf das letzte Jahrfünft, in welchem sie sich über 100 Mk. pro Hektar seit dem vorhergehenden Jahrfünft erhebt. Auch bei den Erbfällen ist die Steigerung vor 1870 grösser als nach 1870, erhebt sich seit 1881, um seit 1891 nachzulassen. Die Steigerung gerade vor 1870 hat wohl darin ihren Grund, dass in jener Zeit seit 1850 massenhafte Regulierungen ausgeführt wurden, ferner dass der Kulturzustand der frei gewordenen Bauernhöfe allein schon durch die vorteilhaftere Lage der Felder sich bedeutend verbesserte, und dass infolge des zahlreichen Bewerbs um derartige Güter seitens der Verkäufer auf höhere Preise gehalten wurde. Es ist die allgemeine Anschauung, dass der kleinbäuerliche Besitz nach der Separation ganz erheblich im Preise stieg, oft um das Doppelte des Preises, der vor der Separation bezahlt wurde. Man kann seit Anfang der 20er Jahre bei Verkäufen unter Fremden ein Steigen der Preise um das 6—7 fache annehmen. Bei Erbfällen steigen die Preise seit 1840, von welchem Zeitpunkt ab die ersten brauchbaren Zahlen existieren, um das dreifache.

Für die Flächeneinheit wird bei Erbschaften in der Regel nicht so viel gezahlt, wie bei Verkäufen. Der Durchschnitts-Hektarpreis von 1841 bis 1894 war bei Käufen 499, bei Erbfällen 429 Mk.; die Kleingüter werden also innerhalb dieses Zeitraumes um 70 Mk. billiger vererbt als verkauft. Es ist bei den polnischen Bauern die Gewohnheit, den Hof ungeteilt an den Sohn oder die Tochter zu überlassen; diese geniessen ein gewisses Vorzugs-

---

[1]) Conrad, Jahrbücher 1893, III F., Bd. VI, pag. 516 ff.

recht vor den anderen Geschwistern dadurch, dass ihnen ihr Grundstück niedriger angerechnet wird, als der derzeitige Kaufwert beträgt. Allerdings tritt hier der Wert der Altenteile dazu, der aber in den von uns ermittelten Hektarpreisen enthalten ist. Dieser ist ziemlich schwankend, jedoch sind die ihrem Werte nach nicht angegebenen Altenteile mit Berücksichtigung der wirklich notierten Werte auf den Durchschnitt von 200 Mk. jährlich angenommen und mit dem 20 fachen Betrage kapitalisiert eingesetzt worden. Ein Unterschied in der Bewertung der Leibgedinge nach älterer oder neuerer Zeit schien nicht geboten, da sich häufig zahlenmässig für die ältere Zeit eine hohe, und für die jüngere Zeit eine niedrige Rente nachweisen lässt.

In den Preisen der einzelnen Bodenkategorien kann man erkennen, wie schwankend die Bodenverhältnisse der Provinz Posen sind. Wir finden in der pro Hektar berechneten Tabelle Wirtschaften, aus den am geringsten eingeschätzten Kreisen höher bewertet, als in den Kreisen mittlerer und sogar bester Güter. Im allgemeinen ist aber, von gewissen Abweichungen abgesehen, der Boden aus den als gut eingeschätzten Kreisen auch zu höherem Wert verkauft. Der gute Boden wurde im Durchschnitt der Jahre 1841—94 mit 538, der geringe mit 493 Mk. pro Hektar, also ersterer um 45 Mk. höher verkauft. Bei den Erbfällen beträgt der Unterschied 488—411 Mk. pro Hektar = 77 Mk. Man kann beobachten, dass, je weiter nach der Neuzeit, um so mehr die Kaufpreise des guten, von denen des geringen Bodens differieren. Die Erscheinung der im allgemeinen noch geringen Differenz zwischen dem Wert des guten und leichten Bodens lässt sich darauf zurückführen, dass der Bauer dem schweren Boden häufig bei fehlender Entwässerung und schlechter Bearbeitung höchstens ebenso viel an Ertrag abgewinnen kann, wie dem leichten Sandboden, ja, dass der letztere infolge der Möglichkeit, ihn eher bestellen zu können, und da er sich mit dem in der Provinz üblichen leichten Angespann besser und tiefer pflügen lässt, als der schwere Boden, oft ergiebiger ist als jener. Zu der Erschliessung des stärkeren Bodens reicht gewöhnlich das schwache Inventar des Bauern nicht aus. — Die höchste Bewertung in dieser Gütergruppe finden wir für guten Boden in den Jahren 1890—94 mit 812 Mk. pro Hektar. Dass allerdings oft wesentlich höhere Preise bezahlt werden, versteht sich von selbst. So wurde verkauft im Kreise:

Strelno 1891 ein Bauerngut von 19,20 ha zu 27 000 M. = 1411 M. pro ha (A.-No. d. Kr. 40).
    1891 „   20,24 „ „ 25 350 „ = 1252 „ „ („ „ 39).
    1892 „   24,19 „ „ 30 000 „ = 1241 „ „ „ „ „ 45).
Kosten 1889 „   3,82 „ „ 6300 „ = 1638 „ „ („ „ 170).

Dagegen wurde verkauft im Kreise:
Kolmar 1889 ein Bauerngut v. 19,00 ha zu 5526 M. (inkl. Lbg.) = 290 M. p. ha (A.-No. d. Kr. —).
Gnesen 1890 „   „ 29,00 „ „ 9600 „ = 331 „ „ („ „ —).
Meseritz 1891 „   „ 24,38 „ „ 6700 „ = 274 „ „ („ „ 113).

Diese Zahlen sollen einen Begriff geben, aus welchen Extremen selbst in neuester Zeit die Durchschnittszahlen resultieren.

Die Subhastationen geben ein auf den ersten Blick unklares Bild. In der Kategorie des geringen Bodens sieht man höhere Preise pro Hektar gezahlt, als bei den Verkäufen. Dies hat einmal seinen Grund in der geringeren Anzahl der beobachteten Versteigerungsfälle; dann aber sprechen gerade bei Zwangsversteigerungen zu viel Momente mit, welche das Vergleichen der erzielten Preise mit Preisen anderer Veräusserungsarten, sowie anderer Zeiträume und Böden erschweren. In dem Zeitraum von 1851—94 ist der Durchschnitts-Subhastationspreis pro Hektar = 473 Mk., gegenüber einem Durchschnittskaufpreis von 547 Mk., um 74 Mk. niedriger. Der Erbfallspreis hingegen von 462 Mk. steht dem Subhastationspreis um 11 Mk. nach.

Auch die zweite Gruppe der Bauerngüter (von 31—50 ha) in Tabelle II zeigt die nämliche Steigerung der Preise wie die erste. Zur Betrachtung gelangten 478 Käufe, 517 Erbfälle und 47 Zwangsversteigerungen. Man kann sehen, dass die Höhe der Durchschnittspreise pro Hektar nicht der der kleinen Bauerngüter (0—30 ha) gleichkommt. Der Hektarpreis im Durchschnitt der Jahre von 1841—94 ist in Kauffällen bei kleinen Bauerngütern (0—20 ha) rund 500, bei grösseren Bauerngütern (31—50 ha) 485 Mk., in Erbfällen im Durchschnitt der Jahre 1831—94 bei kleinen Bauerngütern 395, bei grösseren rund 355 Mk.; also bei Käufen ist der Unterschied 15 Mk., bei Erbfällen 40 Mk. pro Hektar, zu Gunsten der kleinen Wirtschaften. Es zeigt diese Preisreduktion gegenüber den kleinen Bauernhöfen, dass aus Mangel an Käufern für grössere Bauerngüter diese letzteren im Preise nachstehen.

Die Preissteigerung verläuft in ähnlicher Weise wie bei der ersten Gruppe der Kleingüter; hier wie dort ist zu beobachten, dass die Erbfallpreise verhältnismässig gegen 1861–70 eine höhere Steigung aufzuweisen haben als die Kaufpreise, wenn sie auch den letzteren noch bedeutend unterlegen sind. Während bei Käufen, gegenüber dem Zeitraum von 1861—70 eine Steigerung von 175 bezw. 180 % vorliegt, finden wir bei Erbfällen eine solche von 201 bezw. 209 %. Diese Erscheinung ist ein Zeichen, dass die Erbfallpreise sich in neuester Zeit mehr und mehr den Verkaufspreisen nähern, dass also der Erbe mit der Zeit mehr genötigt wird, das Grundstück zu einem der Wirklichkeit entsprechenden Preise zu übernehmen.

Die Vererbungspreise verhalten sich zu den Kaufpreisen im Durchschnitt der Jahre 1841—94 innerhalb der Gruppe von 31—50 ha pro Hektar wie 385 : 445, sind also um 60 Mk. pro Hektar billiger, während bei der vorigen Gruppe (0—30 ha) der Unterschied von 1841—94 70 Mk. beträgt.

Es ist zu beobachten, dass die Steigerung der Preise in der Gruppe der grösseren Bauerngüter (31—50 ha) sich sowohl bei Kauf, wie bei Erbfall gleichmässiger vollzieht; bei diesen beiden Erwerbskategorien lässt sich wahrnehmen, dass hier die grösste Preissteigerung nach 1870 eintritt, — wohl ein Einfluss des damaligen wirtschaftlichen Aufschwunges, — um dann allmählich abzunehmen. Während bei kleinen Wirtschaften (0—30) ha in neuester Zeit bei den Käufen abermals eine höhere Steigerung nach einer kontinuierlichen Abnahme der Steigerung seit 1870 zu finden ist, kann man bei den grösseren Bauerngütern von 31—50 ha bis auf den heutigen Tag eine abnehmende Steigerungsziffer konstatieren. Es ist also hier, wenn auch kein Rückgang der Güterpreise, so doch ein Rückgang der Erhöhung der Preise von einem Zeitraum zum andern wahrzunehmen.

Für den gut eingeschätzten Boden wurde innerhalb der Gruppe der grösseren Bauerngüter von 1841—94 im Durchschnitt bei Verkäufen 508, für den gering eingeschätzten Boden 466 Mk. gezahlt, also für den guten Boden pro Hektar 42 Mk. mehr (in voriger Gruppe 45 Mk. mehr), bei Erbfällen 403 und 353 Mk., also 50 Mk. mehr (in voriger Gruppe 77 Mk. mehr.)

Der Subhastationspreis pro Hektar stellt sich von 1861—94 auf 397 Mk. gegenüber 527 Mk. in der Gruppe der kleinen Güter in der gleichen Periode, also um 130 Mk. pro Hektar niedriger. Der mittlere Kaufpreis in der Gruppe der Güter von 31—50 ha und in der Periode von 1861—94 beträgt 555, also 158 Mk. mehr; der Erbfallpreis 460 Mk., also 63 Mk. mehr als in der Subhastation. während in voriger Gruppe der Erbfallpreis niedriger stand. Die Differenz ist danach hier bedeutend grösser, als bei der Gruppe der kleineren Bauerngüter. Es ist dies ein zweites Zeugnis, dass die Nachfrage nach diesen grösseren Grundstücken nicht so gross ist, da jedenfalls aus Mangel an Bietern bei der Subhastation ein so ungemein niedriges Gebot erzielt wird.

Fassen wir beide Grössenkategorien in eine Hauptkategorie als *Kleinbesitz* zusammen, so sehen wir, dass die Steigerung der Preise von den 20er Jahren ab kontinuierlich ist in Kauf sowohl wie Erbfall: eine Einwirkung des Rückganges der Marktkonjunkturen ist hier nicht wahrzunehmen, oder wenigstens kaum erkennbar.

3. Die Grundpreise des Mittelbesitzes.
(Siehe Tabellen III, IV, V, S. 30—35.)

Die zweite Hauptgruppe der Güter, die mittleren Güter, umfassen den Besitz, welcher zwischen Bauernwirtschaften und Grossgrundbesitz steht. Er ist in drei Sonderabteilungen geschieden worden, in Güter von 50—100, 100—200 und 200—300 ha. Es sind dies die Besitzungen, auf denen der Leiter des Gutes selbst wirtschaftet, aber meist nicht selbst mehr mit Hand anlegt, sondern nur die Aufsicht führt oder, wie bei der grössten Untergruppe, sich einen Vogt oder Beamten zur Unterstützung hält. Indes sind hier — namentlich auf leichtem Boden und bei kleinerem Umfang — Güter einbegriffen, deren Besitzer auf der Übergangsstufe zwischen Bauer und Herr stehen, welche vielfach ein Missverhältnis zeitigt. Die als Bauern lebenden Besitzer wirtschaften häufig nicht rationell; leben sie als Herren, so machen sie oft gesteigerte Ansprüche, die nicht mit dem Ertrage jener kleineren Güter im Einklang stehen. Diese Güter sind es daher die am wenigsten der Vererbung unterliegen, da die Besitzer häufig nicht in der Lage sind, das Gut einem Sohne zu übergeben, sondern ihn einen anderen Beruf wählen lassen. Sie gehen am meisten von einer Hand in die andere und verfallen am häufigsten der Subhastation.

(Fortsetzung Seite 42.)

Tabelle I.   Grössenklasse: 0—30 ha.

Zeit	Güter der Kreise mit vorwiegend									
	leichtem Boden				mittlerem Boden				schwerem Boden		
	Zahl	Areal ha	Preise Mk.	Altenteil	Zahl	Areal ha	Preise Mk.	Altenteil	Zahl	Areal ha	Preise Mk.	Altenteil
Kaufpreise												
bis 1800	—	—	—	—	—	—	—	—	—	—	—	—
1801—10	—	—	—	—	—	—	—	—	—	—	—	—
1811—20	—	—	—	—	—	—	—	—	—	—	—	—
1821—30	—	—	—	—	—	—	—	—	2	27,62	3 125	1
1831—40	—	—	—	—	—	—	—	—	—	—	—	—
1841—50	5	102,51	16 200	—	5	88,98	12 990	—	10	190,23	33 855	—
1851—60	11	220,21	63 706	—	32	451,30	110 862	1	20	326,75	73 146	6
1861—70	56	811,18	398 453	2	84	1 361,49	520 136	5	73	1 081,31	444 214	9
1871—75	41	631,20	315 045	—	68	1 131,24	552 536	2	84	1 339,43	696 240	7
1876—80	58	846,28	439 192	1	99	1 691,62	928 081	3	100	1 620,95	921 696	6
1881—85	99	1 731,58	1 014 744	7	142	2 515,79	1 508 314	7	127	2 170,06	1 328 463	4
1886—90	71	1 395,72	883 316	1	140	2 541,75	1 642 269	5	115	2 005,43	1 369 568	3
1881—94	64	1 315,53	961 683	3	106	1 987,15	1 490 044	3	97	1 645,59	1 328 499	2
Erbfallpreise												
bis 1800	—	—	—	—	—	—	—	—	—	—	—	—
1801—10	—	—	—	—	—	—	—	—	—	—	—	—
1811—20	—	—	—	—	1	29,67	6 842	—	—	—	—	—
1821—30	—	—	—	—	—	—	—	—	—	—	—	—
1831—40	1	25,80	2 246	—	3	69,02	8 508	—	1	15,32	1 053	—
1841—50	13	259,71	29 461	2	15	313,89	32 206	2	12	197,62	65 592	3
1851—60	45	932,24	178 293	8	58	1 158,34	199 617	8	51	943,20	178 802	14
1861—70	76	1 549,42	448 732	13	126	2 374,05	644 217	21	106	1 952,49	558 078	34
1871—75	47	944,86	343 566	7	65	1 225,48	396 781	10	66	1 268,86	495 198	19
1876—80	48	904,32	298 933	8	54	1 096,12	441 241	8	53	991,27	467 920	7
1881—85	51	1 057,22	519 425	12	63	1 270.22	626 950	6	58	1 021,85	475 139	11
1886—90	46	1 031,03	567 085	10	62	1 262,06	733 826	6	54	1 019,67	714 879	7
1891—94	48	977,24	612 439	6	54	1 044,35	738 407	3	41	765,42	537 964	4
Subhastations-preise												
bis 1800	—	—	—	—	—	—	—	—	—	—	—	—
1801—10	—	—	—	—	—	—	—	—	—	—	—	—
1811—20	—	—	—	—	—	—	—	—	—	—	—	—
1821—30	—	—	—	—	—	—	—	—	—	—	—	—
1831—40	—	—	—	—	—	—	—	—	—	—	—	—
1841—50	—	—	—	—	—	—	—	—	—	—	—	—
1851—60	2	19,95	1 380	—	—	—	—	—	4	61,27	10 837	—
1861—70	1	8,89?	6 222?	—	3	77,86	19 875	—	4	41,25	19 221	1
1871—75	4	52,68	19 668	—	7	155,21	74 955	—	4	59,14	35 330	1
1876—80	7	155,65	86 754	—	12	226,16	100 690	—	8	128,48	47 760	—
1881—85	2	31,06	23 351	—	10	179,29	79 351	—	13	154,20	117 076	1
1886—90	3	51,37	35 955	—	12	203,37	116 490	—	5	94,63	50 805	—
1891—94	1	12,64	9 600	—	7	139,25	75 859	1	7	141,73	92 640	—

Altenteil 200 Mk. = 4000 Mk. Kapitalwert. Tabelle I.

Zahl	Überhaupt Areal ha	Überhaupt Preise Mk.	Altenteil	Leichter Boden	Mittlerer Boden	Schwerer Boden	Überhaupt	Leichter Boden	Mittlerer Boden	Schwerer Boden	Überhaupt
				Preise pro ha in Mk.				Steigerung 1861–70 = 100			
—	—	—		—	—	—	—	—	—	—	—
—	—	—		—	—	—	—	—	—	—	—
—	—	—		—	—	—	—	—	—	—	—
2	27,62	3 125	1	—	—	113,14	113,14	—	—	25	25
—	—	—		—	—	—	—	—	—	—	—
20	381,72	63 045	—	158,03	145,99	177,97	165,23	31,5	36	40	38
63	998,26	247 714	7	289,30	254,51	297,24	276,19	58	64	67	63
213	3 253,98	1 362 803	16	501,08	396,72	444,10	438,47	100	100	100	100
193	3 101,87	1 563 821	9	499,12	495,50	540,70	515,76	99,5	125	121	117
257	4 158,85	2 288 969	10	523,62	555,72	716,67	560,00	104,5	140	161	127
368	6 417,43	3 851 521	18	602,19	610,27	629,55	611,38	120	153	141	139
326	5 942,90	3 895 153	9	635,74	653,98	688,91	661,48	127	164	155	150
267	4 948,27	3 780 226	8	740,14	755,88	812,10	770,41	148	190	182	175
—	—	—		—	—	—	—	—	—	—	—
—	—	—		—	—	—	—	—	—	—	—
1	29,67	6 842	—	—	—	—	230,60	—	—	—	70
—	—	—		—	—	—	—	—	—	—	—
5	110,14	11 807	—	87,05	123,26	168,73	107,19	22	40	19	32
40	771,22	127 259	7	140,39	128,09	392,63	201,31	36	41	110	61
154	3 033,78	556 712	30	225,57	199,85	248,94	223,05	58	65	70	68
308	5 875,96	1 651 027	68	387,71	306,74	355,48	327,27	100	100	100	100
178	3 439,20	1 235 545	36	393,24	356,41	450,16	401,12	101	116	126	122
155	2 991,71	1 208 094	23	365,94	431,74	500,28	434,56	94	140	140	132
172	3 349,29	1 621 514	29	536,71	512,47	508,03	518,77	138	167	142	158
162	3 312,76	2 015 790	23	588,81	600,46	730,50	636,26	151	195	205	194
143	2 787,01	1 888 810	13	651,26	718,54	723,73	696,37	168	234	203	201
—	—	—		—	—	—	—				
—	—	—		—	—	—	—				
—	—	—		—	—	—	—				
—	—	—		—	—	—	—				
—	—	—		—	—	—	—				
6	81,22	12 217	—	69,17	—	176,87	150,41				
8	128,00	45 318	1	?	255,25	562,93	385,29				
15	267,03	129 953	1	373,34	482,92	665,03	501,64				
27	510,29	235 204	—	557,36	445,21	371,73	460,92				
25	364,55	219 778	1	751,80	442,58	785,18	613,81				
20	349,37	203 250	—	699,92	572,79	536,88	581,72				
15	293,62	178 099	1	759,49	573,49	653,63	620,85				

Die prozentische Entwickelung der Preise bei Subhastationsfällen ist aus den oben angeführten Gründen nicht zur Berechnung gelangt.

Tabelle II.   Grössenklasse: 30—50 ha.

Zeit	Güter der Kreise mit vorwiegend									
	leichtem Boden				mittlerem Boden				schwerem Boden		
	Zahl	Areal ha	Preise Mk.	Allentell	Zahl	Areal ha	Preise Mk.	Allentell	Zahl	Areal ha	Preise Mk.	Allentell

Zeit	Zahl	Areal ha	Preise Mk.	All.	Zahl	Areal ha	Preise Mk.	All.	Zahl	Areal ha	Preise Mk.	All.
Kaufpreise												
bis 1800	—	—	—	—	—	—	—	—	—	—	—	—
1801—10	—	—	—	—	—	—	—	—	—	—	—	—
1811—20	—	—	—	—	—	—	—	—	—	—	—	—
1821—30	—	—	—	—	2	89,33	2 201	—	—	—	—	—
1831—40	2	92,31	14 925	—	—	—	—	—	1	36,23	4 200	—
1841—50	4	154,08	35 250	—	3	127,39	9 854	—	5	208,13	59 200	1
1851—60	12	468,86	133 801	1	5	212,09	70 165	—	13	504,55	170 250	1
1861—70	13	517,09	177 003	—	29	1 147,90	42 663	1	21	848,37	339 771	3
1871—75	11	426,52	201 000	—	14	558,51	250 666	1	14	559,58	255 585	2
1876—80	15	576,58	288 150	2	31	1 212,70	664 878	2	22	847,96	406 840	2
1881—85	31	1 227,56	738 586	3	33	1 276,55	720 829	3	15	553,80	320 562	—
1886—90	37	1 367,15	806 489	—	43	1 589,26	1 079 929	1	21	806,53	585 972	—
1891—94	27	949,12	628 174	—	33	1 260,83	890 773	—	21	795,74	549 395	3
Erbfallpreise												
bis 1800	—	—	—	—	—	—	—	—	—	—	—	—
1801—10	—	—	—	—	—	—	—	—	—	—	—	—
1811—20	—	—	—	—	—	—	—	—	—	—	—	—
1821—30	—	—	—	—	—	—	—	—	—	—	—	—
1831—40	—	—	—	—	2	80,89	10 003	—	2	80,76	4 979	—
1841—50	6	257,31	20 603	—	5	202,28	13 045	—	7	269,49	40 999	—
1851—60	14	491,92	99 649	1	32	1 180,87	221 320	10	14	523,20	84 763	1
1861—70	33	1 243,37	253 512	6	54	2 050,34	528 567	11	27	978,23	262 109	7
1871—75	11	430,03	135 800	2	19	733,87	230 624	4	16	642,97	288 902	1
1876—80	16	617,63	213 484	7	34	1 307,13	524 143	17	13	488,51	234 100	1
1881—85	17	632,13	236 395	4	45	1 687,85	926 008	4	11	389,41	174 238	1
1886—90	18	660,79	337 512	3	41	1 505,27	772 511	6	21	789,36	401 666	3
1891—94	15	545,69	306 046	3	29	1 087,82	640 857	3	15	556,66	283 913	2
Subhastations-preise												
bis 1800	—	—	—	—	—	—	—	—	—	—	—	—
1801—10	—	—	—	—	—	—	—	—	—	—	—	—
1811—20	—	—	—	—	—	—	—	—	—	—	—	—
1821—30	—	—	—	—	—	—	—	—	—	—	—	—
1831—40	—	—	—	—	—	—	—	—	—	—	—	—
1841—50	—	—	—	—	—	—	—	—	—	—	—	—
1851—60	—	—	—	—	—	—	—	—	—	—	—	—
1861—70	4	149,98	43 671	—	4	137,83	37 431	—	1	47,41	26 265	—
1871—75	2	80,89	26 559	—	2	80,12	22 000	—	3	131,16	43 000	—
1876—80	2	86,01	32 503	—	4	150,11	65 475	—	5	192,01	76 100	—
1881—85	3	110,21	47 205	—	3	104,53	45 590	—	3	123,13	69 000	—
1886—90	—	—	—	—	6	245,12	130 520	—	1	33,33	15 610	—
1891—94	—	—	—	—	1	41,03	23 200	—	3	109,11	27 575	—

Altenteil 300 Mk. = 6000 Mk. Kapitalwert.   Tabelle II.

	Überhaupt			Leichter Boden	Mittlerer Boden	Schwerer Boden	Über- haupt	Leichter Boden	Mittlerer Boden	Schwerer Boden	Über- haupt
Zahl	Areal ha	Preise Mk.	Altenteil	\multicolumn{4}{c}{Preise pro *ha* in Mk.}		\multicolumn{4}{c}{Steigerung 1861—70 = 100}			
—	—	—	—	—	—	—	—	—	—	—	—
—	—	—	—	—	—	—	—	—	—	—	—
—	—	—	—	—	—	—	—	—	—	—	—
2	89,33	2 201	—	—	24,63	—	24,63	—	6	—	6
3	128,54	19 125	—	161,68	—	115,92	148,78	47	—	27	38
12	489,60	104 304	1	228,77	77,27	313,26	225,29	67	20	74	58
30	1 185,50	374 216	2	298,17	330,82	349,32	325,79	87	87	83	84
63	2 513,36	943 237	4	342,30	376,91	421,71	384,83	100	100	100	100
39	1 544,61	707 251	3	471,25	459,55	478,18	469,53	138	122	113	122
68	2 637,24	1 359 868	6	520,57	558,15	494,17	529,29	152	148	117	137
79	3 057,91	1 779 977	6	616,33	578,77	578,84	593,86	180	153	137	154
101	3 762,94	2 472 390	1	589,90	683,29	726,53	658,63	172	181	172	171
81	3 005,69	2 068 342	3	661,84	706,49	712,91	694,13	193	187	169	180
—	—	—	—	—	—	—	—	—	—	—	—
—	—	—	—	—	—	—	—	—	—	—	—
—	—	—	—	—	—	—	—	—	—	—	—
4	161,65	14 982	—	—	123,66	61,65	92,68	—	42	20	33
18	729,08	74 647	—	80,07	64,49	152,13	102,38	34	22	50	36
60	2 195,99	405 732	12	214,76	238,23	276,62	217,54	96	82	89	78
114	4 271,94	1 044 188	24	232,84	289,98	310,87	278,37	100	100	100	100
46	1 806,87	655 326	7	343,69	347,12	458,66	385,93	147	119	147	138
63	2 413,27	971 727	25	413,65	471,37	491,49	464,81	177	162	158	167
73	2 709,39	1 336 641	9	411,93	562,85	462,84	513,26	176	194	148	184
80	2 955,12	1 511 689	12	538,16	538,01	531,65	535,85	231	196	171	192
59	2 190,17	1 230 816	8	593,64	605,66	531,58	583,88	254	208	170	209
—	—	—	—	—	—	—	—				
—	—	—	—	—	—	—	—				
—	—	—	—	—	—	—	—				
—	—	—	—	—	—	—	—				
—	—	—	—	—	—	—	—				
—	—	—	—	—	—	—	—				
9	335,22	107 367	—	291,17	271,57	353,99	320,28				
7	292,17	91 559	—	328,26	274,58	327,81	313,37				
11	428,13	174 078	—	377,89	436,11	396,33	406,60				
9	337,87	161 795	—	428,31	436,14	560,38	479,07				
7	278,45	146 130	—	—	532,47	468,34	524,79				
4	150,14	50 775	—	—	565,43	252,72	338,48				

Die prozentische Ent-wickelung der Preise bei Subhastationsfällen ist aus den oben angeführten Grün-den nicht zur Berechnung gelangt.

Tabelle III.   Grössenklasse: 50—100 ha.

Zeit	Güter der Kreise mit vorwiegend											
	leichtem Boden				mittlerem Boden				schwerem Boden			
	Zahl	Areal ha	Preise Mk.	Altenteil	Zahl	Areal ha	Preise Mk.	Altenteil	Zahl	Areal ha	Preise Mk.	Altenteil
Kaufpreise												
bis 1800	—	—	—	—	—	—	—	—	—	—	—	—
1801—10	—	—	—	—	—	—	—	—	—	—	—	—
1811—20	—	—	—	—	—	—	—	—	—	—	—	—
1821—30	—	—	—	—	—	—	—	—	—	—	—	—
1831—40	—	—	—	—	3	204,38	18 540	—	1	76,75	9 063	—
1841—50	5	285,00	49 048	—	3	247,80	44 430	—	3	248,04	55 689	—
1851—60	10	689,37	186 397	—	11	891,02	215 979	3	12	831,19	192 999	—
1861—70	20	1 450,88	632 457	—	27	1 939,35	710 497	2	36	2 657,74	1 271 550	4
1871—75	17	1 324,08	526 907	3	37	2 574,70	1 537 970	—	13	915,20	574 994	1
1876—80	15	1 013,69	563 215	—	40	2 845,76	1 668 566	1	21	1 633,70	1 068 489	1
1881—85	23	1 685,68	993 175	—	23	1 657,69	1 065 120	—	17	1 263 08	983 228	—
1886—90	11	779,74	474 100	—	25	1 786,14	1 150 140	1	16	1 287,50	918 650	—
1891—94	12	932,09	587 885	—	27	2 001,04	1 272 235	—	10	688,46	478 600	—
Erbfallpreise												
bis 1800	—	—	—	—	—	—	—	—	—	—	—	—
1801—10	—	—	—	—	—	—	—	—	—	—	—	—
1811—20	—	—	—	—	—	—	—	—	—	—	—	—
1821—30	—	—	—	—	—	—	—	—	—	—	—	—
1831—40	1	64,39	3 990	—	1	54,72	7 845	—	—	—	—	—
1841—50	4	278,33	28 678	2	11	859,92	157 150	3	4	338,36	58 422	—
1851—60	12	854,99	104 878	3	21	1 542,11	203 969	7	6	461,80	129 506	—
1861—70	14	934,45	223 187	7	32	2 324,03	735 761	8	12	881,75	255 369	2
1871—75	12	806,09	208 394	4	13	938,10	412 485	4	5	384,41	155 130	—
1876—80	12	854,50	245 465	3	13	941,49	549 650	—	7	488,96	276 108	—
1881—85	17	1 300,50	453 362	4	30	2 026,67	1 050 771	4	8	557,61	363 200	1
1886—90	11	753,37	254 536	3	22	1 542,23	804 377	1	7	482,99	233 630	1
1891—94	9	648,04	304 674	1	10	996,28	471 029	1	5	285,84	188 100	2
Subhastations-preise												
bis 1800	—	—	—	—	—	—	—	—	—	—	—	—
1801—10	—	—	—	—	—	—	—	—	—	—	—	—
1811—20	—	—	—	—	—	—	—	—	—	—	—	—
1821—30	—	—	—	—	—	—	—	—	—	—	—	—
1831—40	—	—	—	—	—	—	—	—	—	—	—	—
1841—50	—	—	—	—	—	—	—	—	—	—	—	—
1851—60	1	58,14	16 000	—	1	76,84	12 450	—	2	173,20	63 090	—
1861—70	4	248,14	49 308	—	2	138,65	48 798	—	4	296,75	110 280	—
1871—75	2	145,50	70 650	—	2	157,51	78 900	—	3	222,35	113 100	—
1876—80	4	303,87	111 050	3	5	341,86	122 952	—	9	579,70	355 650	—
1881—85	4	279,61	123 801	—	2	126,21	42 160	—	2	138,06	64 003	—
1886—90	2	184,41	47 101	—	13	907,24	541 803	—	6	524,87	234 100	—
1891—94	—	—	—	—	2	128,94	59 520	—	2	191,59	62 800	—

Altenteil 500 Mk. = 10 000 Mk. Kapitalwert. Tabelle III.

	Überhaupt			Leichter Boden	Mittlerer Boden	Schwerer Boden	Überhaupt	Leichter Boden	Mittlerer Boden	Schwerer Boden	Überhaupt
Zahl	Areal ha	Preise Mk.	Altenteil	Preise pro *ha* in Mk.				Steigerung 1861–70 = 100			
—	—	—	—	—	—	—	—	—	—	—	—
—	—	—	—	—	—	—	—	—	—	—	—
—	—	—	—	—	—	—	—	—	—	—	—
4	281,13	27 603	—	—	90,71	118,08	98,18	—	24	24	22
11	780,84	149 167	—	172,07	179,30	224,52	191,03	39	48	45	43
33	2 411,58	595 375	3	270,39	276,06	232,20	259,32	62	73	47	59
83	6 047,70	2 614 504	6	435,91	376,67	493,53	442,23	100	100	100	100
67	4 813,98	2 639 871	4	420,60	597,34	639,20	556,68	106	105	129,5	126
76	5 493,15	3 300 270	2	555,61	589,85	660,15	604,44	127	156	134	137
63	4 606,45	3 041 523	—	589,78	642,53	778,44	660,27	136	171	158	149
52	3 853,38	2 542 890	1	608,02	649,52	713,51	662,51	139	172	144	150
49	3 621,59	2 338 720	—	630,72	635,79	695.18	645,77	145	169	141	146
—	—	—	—	—	—	—	—	—	—	—	—
—	—	—	—	—	—	—	—	—	—	—	—
—	—	—	—	—	—	—	—	—	—	—	—
2	119,11	11 835	—	61,97	143,37	—	99,36	19	41	—	30
19	1 476,61	244 250	5	174,89	217,64	173,66	199,27	56	62	56	59,5
39	2 858,90	438 353	10	157,75	177,66	280,44	184,81	50	51	90	55
58	4 140,23	1 214 317	17	313,76	351,01	312,30	334,36	100	100	100	100
30	2 128,60	776 009	8	308,15	482,34	403,55	402,15	95	137	129	120
32	2 284,95	1 071 223	3	322,36	583,81	564,68	481.95	103	166	181	144
55	3 884,78	1 867 333	9	379,36	538,21	669.28	503,85	121	153	214	151
40	2 778,59	1 292 543	5	377,68	528,05	504.42	447,18	120	150	161,5	134
24	1 930,16	963 803	4	485,57	482,82	728.03	520,06	155	137,5	233	155,5
—	—	—	—	—	—	—	—				
—	—	—	—	—	—	—	—				
—	—	—	—	—	—	—	—				
—	—	—	—	—	—	—	—				
4	308,18	91 540	—	275,19	162,02	364,26	297,03				
10	683,54	208 386	—	198,71	351,97	371,62	304,86				
7	525,36	262 650	—	485,57	500,92	508,66	499,94				
18	1 225,43	589 652	3	464,18	359,95	613,51	505,66				
8	543,88	229 964	—	412,76	334,05	463,58	422,82				
21	1 616,52	823 004	—	255,41	597,20	446,01	500,11				
4	320,53	122 320	—	—	461,61	327,78	384,62				

Die prozentische Entwickelung der Preise bei Subhastationsfällen ist aus den oben angeführten Gründen nicht zur Berechnung gelangt.

Tabelle IV.   Grössenklasse: 100—200 ha

| Zeit | Güter der Kreise mit vorwiegend ||||||||||||
| | leichtem Boden |||| mittlerem Boden |||| schwerem Boden ||||
	Zahl	Areal ha	Preise Mk.	Altenteil	Zahl	Areal ha	Preise Mk.	Altenteil	Zahl	Areal ha	Preise Mk.	Altenteil
Kaufpreise												
bis 1800	—	—	—	—	1	195,05	19 986	—	—	—	—	—
1801—10	—	—	—	—	—	—	—	—	—	—	—	—
1811—20	1	198,00	29 751	—	—	—	—	—	—	—	—	—
1821—30	—	—	—	—	—	—	—	—	—	—	—	—
1831—40	2	309,99	21 900	—	1	104,00	5 100	1	—	—	—	—
1841—50	3	447,41	80 931	—	6	776,04	192 260	—	6	863,01	250 266	—
1851—60	9	1 295,68	408 957	—	19	2 637,39	786 336	—	10	1 301,22	469 347	—
1861—70	22	3 371,09	1 730 388	—	41	5 476,27	3 100 360	6	24	3 133,50	1 633 335	1
1871—75	21	3 345,73	1 952 238	—	26	3 490,12	2 389 611	2	17	2 377,28	2 045 280	—
1876—80	25	3 861,83	2 166 038	—	19	2 574,84	1 682 800	1	14	1 971,88	1 459 230	—
1881—85	17	2 421,04	1 758 600	—	28	3 655,91	2 772 890	—	27	3 497,86	2 608 551	—
1886—90	12	1 839,05	1 171 100	—	16	2 219,95	1 346 512	—	16	2 069,26	1 408 300	—
1891—94	9	1 351,39	892 500	—	12	1 715,69	1 131 050	—	7	939,61	744 200	—
Erbfallpreise												
bis 1800	—	—	—	—	—	—	—	—	—	—	—	—
1801—10	—	—	—	—	—	—	—	—	—	—	—	—
1811—20	—	—	—	—	—	—	—	—	—	—	—	—
1821—30	—	—	—	—	—	—	—	—	—	—	—	—
1831—40	—	—	—	—	2	255,24	34 329	—	—	—	—	—
1841—50	3	358,41	64 650	—	7	1 102,63	203 179	—	1	130,32	30 000	—
1851—60	6	895,45	245 589	—	2	268,39	75 537	—	6	890,85	232 920	—
1861—70	10	1 577,20	605 793	—	12	1 540,45	569 950	—	7	967,68	461 529	—
1871—75	5	657,04	314 492	—	7	1 022,90	661 860	—	2	269,48	189 480	—
1876—80	9	1 156,51	309 370	2	8	1 031,23	543 900	1	5	730,79	600 373	1
1881—85	4	518,42	229 880	1	13	1 814,61	1 433 662	—	5	742,45	405 406	1
1886—90	5	662,65	330 300	1	7	922,10	442 199	—	6	821,62	443 465	—
1891—94	3	348,90	108 251	—	2	285,81	176 069	—	7	1 085,50	431 241	—
Subhastations-preise												
bis 1800	—	—	—	—	—	—	—	—	—	—	—	—
1801—10	—	—	—	—	—	—	—	—	—	—	—	—
1811—20	—	—	—	—	—	—	—	—	—	—	—	—
1821—30	1	182,03	16 110	—	—	—	—	—	—	—	—	—
1831—40	—	—	—	—	—	—	—	—	—	—	—	—
1841—50	—	—	—	—	—	—	—	—	—	—	—	—
1851—60	1	170,25	60 000	—	4	577,15	138 114	—	1	182,36	57 840	—
1861—70	1	100,58	55 200	—	10	1 239,68	597 393	—	5	566,89	198 033	—
1870—75	3	497,97	201 000	—	3	369,66	178 575	—	2	326,92	147 900	—
1876—80	2	301,97	104 201	—	3	509,56	296 500	—	3	335,30	168 000	—
1881—85	—	—	—	—	5	620,40	340 000	—	5	738,70	347 610	—
1886—90	5	773,51	363 430	—	6	847,48	443 181	—	6	689,82	380 100	—
1891—94	—	—	—	—	2	237,31	83 350	—	3	383,71	209 500	—

Altenteil 1000 Mk. = 20 000 Mk. Kapitalwert. Tabelle IV.

Zahl	Überhaupt Areal ha	Überhaupt Preise Mk.	Altenteil	Leichter Boden	Mittlerer Boden	Schwerer Boden	Überhaupt	Leichter Boden	Mittlerer Boden	Schwerer Boden	Überhaupt
				\multicolumn{4}{c}{Preise pro *ha* in Mk.}	\multicolumn{4}{c}{Steigerung 1861–70 = 100}			

Zahl	Areal ha	Preise Mk.	Alt.	Leichter Boden	Mittlerer Boden	Schwerer Boden	Überhaupt	Leichter Boden	Mittlerer Boden	Schwerer Boden	Überhaupt
1	195,05	19 986	—	—	102,47	—	102,47	—	17	—	11
—	—	—	—	—	—	—	—	—	—	—	—
1	198,00	29 751	—	150,26	—	—	150,26	29		—	27
—	—	—	—	—	—	—	—	—	—	—	—
3	413,99	27 000	1	70,65	241,34	—	113,53	14	41	—	21
15	2 086,46	523 457	—	180,89	247,74	289,99	250,88	35	42	55	45
38	5 234,27	1 664 640	—	315,63	298,15	360,70	318,03	61	51	68	58
87	11 980,86	6 464 083	7	513,30	588,06	527,63	551,22	100	100	100	100
64	9 213,13	6 387 129	2	583,50	696,14	860,34	697,62	114	117	163	127
58	8 408,55	5 308 068	1	560,88	661,32	740,02	633,65	109	112	140	115
72	9 574,81	7 140 041	—	726,38	758,47	745,76	651,71	142	129	141	118
44	6 128,26	3 926 412	—	636,80	606,55	680,82	640,71	124	103	129	116
28	4 006,69	2 767 750	—	660,43	659,24	792,03	690,78	129	112	150	127
—	—	—	—	—	—	—	—	—	—	—	—
—	—	—	—	—	—	—	—	—	—	—	—
—	—	—	—	—	—	—	—	—	—	—	—
2	255,24	34 329	—	—	134,50	—	134,50	—	36	—	34
11	1 591,36	297 829	—	180,38	184,27	230,20	187,15	47	50	48	47
14	2 054,69	554 016	—	274,26	281,45	261,46	269,65	71	76	55	67
29	4 085,33	1 637 272	—	384,09	369,99	476,94	400,77	100	100	100	100
14	1 949,42	1 165 832	—	478,65	647,04	703,13	598,04	125	175	147	149
22	2 918,53	1 453 643	4	302,09	546,82	848,91	525,48	79	148	178	131
22	3 075,48	2 068 948	2	482,00	790,07	572,98	685,73	125	214	120	171
18	2 406,37	1 215 964	1	528,64	479,56	539,74	513,62	138	130	113	128
12	1 720,21	715 561	—	310,26	616,03	397,27	415,97	81	164	83	104
—	—	—	—	—	—	—	—				
—	—	—	—	—	—	—	—				
—	—	—	—	—	—	—	—				
1	182,03	16 110	—	88,50	—	—	88,50				
—	—	—	—	—	—	—	—				
6	929,76	255 954	—	352,42	239,30	317,17	275,29				
16	1 907,15	850 626	—	548,82	481,89	349,33	446,02				
8	1 194,55	527 475	—	403,64	483,08	452,10	441,57				
8	1 146,83	568 701	—	345,07	581,87	501,04	409,59				
10	1 359,10	687 610	—	—	548,03	470,57	505,93				
17	2 310,81	1 186 711	—	469,83	522,94	554,01	513,55				
5	621,02	292 850	—	—	351,22	545,99	471,56				

Die prozentische Entwickelung der Preise bei Subhastationsfällen ist aus den oben angeführten Gründen nicht zur Berechnung gelangt.

Tabelle V.   Grössenklasse: 200—300 ha.

Zeit	Güter der Kreise mit vorwiegend											
	leichtem Boden				mittlerem Boden				schwerem Boden			
	Zahl	Areal ha	Preise Mk.	Anteil	Zahl	Areal ha	Preise Mk.	Anteil	Zahl	Areal ha	Preise Mk.	Anteil
Kaufpreise												
bis 1800	—	—	—	—	—	—	—	—	1	295,03	92 499	—
1801—10	—	—	—	—	—	—	—	—	—	—	—	—
1811—20	—	—	—	—	—	—	—	—	1	295,03	92 850	—
1821—30	1	264,86	48 000	—	1	275,96	21 900	—	2	556,07	160 851	—
1831—40	—	—	—	—	3	759,15	93 989	—	3	797,51	129 450	—
1841—50	3	823,87	193 350	—	8	2 151,51	528 774	—	1	222,43	79 500	—
1851—60	11	2 816,41	892 364	—	12	3 110,09	1 501 874	—	15	3 417,17	1 495 050	—
1861—70	19	4 594,03	2 398 155	—	22	5 563,46	2 789 311	—	23	5 710,10	3 030 212	—
1871—75	10	2 605,38	1 242 159	—	13	3 032,91	2 047 545	—	10	2 409,33	1 727 190	—
1876—80	9	2 262,66	1 193 700	—	19	4 741,85	3 017 450	—	13	3 194,27	2 376 507	—
1881—85	13	3 098,53	1 672 685	—	15	3 888,50	2 794 468	—	15	3 779,69	3 007 218	—
1886—90	5	1 255,19	744 733	—	7	1 856,63	1 160 500	—	12	2 822,84	2 123 400	—
1891—94	10	2 448,36	1 467 800	—	12	3 095,11	1 829 000	—	8	1 864,67	1 433 800	—
Erbtallpreise												
bis 1800	—	—	—	—	—	—	—	—	—	—	—	—
1801—10	—	—	—	—	—	—	—	—	—	—	—	—
1811—20	—	—	—	—	—	—	—	—	1	231,20	47 179	—
1821—30	—	—	—	—	—	—	—	—	1	231,20	28 659	—
1831—40	2	462,58	29 706	—	1	292,25	60 042	—	2	515,07	92 463	—
1841—50	1	257,31	20 805	—	3	793,14	129 330	—	—	—	—	—
1851—60	2	455,28	123 000	1	—	—	—	—	1	272,50	90 000	—
1861—70	9	2 270,23	855 441	—	7	1 766,32	718 818	1	11	2 702,45	1 386 816	—
1871—75	—	—	—	—	3	697,25	371 700	—	6	1 533,30	761 100	—
1876—80	5	1 174,27	628 500	—	7	1 720,38	743 281	—	4	1 050,82	715 800	—
1881—85	6	1 435,74	872 414	—	5	1 385,89	1 037 657	—	3	679,68	600 445	—
1886—90	3	742,19	436 259	—	10	2 447,00	1 799 235	—	1	239,33	183 000	—
1891—94	2	553,48	383 799	1	2	485,20	400 000	—	1	202,05	138 300	—
Subhastationspreise												
bis 1800	—	—	—	—	—	—	—	—	—	—	—	—
1801—10	—	—	—	—	—	—	—	—	—	—	—	—
1811—20	—	—	—	—	—	—	—	—	—	—	—	—
1821—30	—	—	—	—	—	—	—	—	—	—	—	—
1831—40	—	—	—	—	—	—	—	—	—	—	—	—
1841—50	1	240,06	60 015	—	—	—	—	—	—	—	—	—
1851—60	—	—	—	—	2	483,31	112 500	—	2	478,54	285 750	—
1861—70	7	1 785,14	825 336	—	5	1 319,08	582 783	—	4	1 013,67	466 503	—
1871—75	—	—	—	—	4	1 017,57	414 015	—	3	772,20	465 800	—
1876—80	—	—	—	—	5	1 284,66	664 900	—	6	1 432,49	769 500	—
1881—85	1	297,37	110 600	—	5	1 174,06	621 000	—	1	231,66	104 600	—
1886—90	4	956,40	342 836	—	10	2 583,19	1 288 350	—	6	1 624,55	952 800	—
1891—94	2	490,90	259 000	—	6	1 510,47	893 255	—	2	493,07	416 500	—

Altenteil 1 500 Mk. = 30 000 Mk. Kapitalwert. Tabelle V.

	Überhaupt			Leichter Boden	Mittlerer Boden	Schwerer Boden	Überhaupt	Leichter Boden	Mittlerer Boden	Schwerer Boden	Überhaupt
Zahl	Areal ha	Preise Mk.	Altenteil	Preise pro ha in Mk.				Steigerung 1861—70 = 100			
1	295,03	92 499	—	—	—	313,52	313,52	—	—	59	60,5
—	—	—	—	—	—	—	—	—	—	—	—
1	295,03	92 850	—	—	—	314,71	314,71	—	—	59	61
4	1 096,89	230 751	—	181,23	79,36	289,26	210,37	35	16	54,5	41
6	1 556,66	223 439	—	—	123,81	162,32	143,54	—	25	30,5	28
12	3 197,81	801 624	—	234,69	245,77	357,42	250,68	45	49	67	48
38	9 343,67	3 889 288	—	316.83	482,90	437,51	416,25	61	96	82	80
64	15 867,59	8 217 678	—	522,02	501,36	530,68	517,90	100	100	100	100
33	8 047,62	5 016 894	—	476,77	675,11	716,88	623,40	91	135	125	120
41	10 198,78	6 587 657	—	527,56	636,34	743,99	645,92	102	127	140	125
43	10 766,72	7 474 371	—	539,83	718,65	795,63	694,21	103	143	150	134
24	5 934,66	4 028 633	—	593,32	608,90	752,22	662,15	114	121	142	128
30	7 408,14	4 730 600	—	599,50	590,93	786,93	638,57	115	118	148	123
—	—	—	—	—	—	—	—	—	—	—	—
1	231,20	47 179	—	—	—	204,06	204,06	—	—	40	50
1	231,20	28 659	—	—	—	123,96	123,96	—	—	24	28
5	1 269,90	182 211	—	64,22	205,45	179.52	143,58	17	48	35	32
4	1 050,45	150 135	—	80,86	163,06	—	142,92	21	38	—	32
3	717,78	213 000	1	366,06	—	330,28	338,54	97	—	64	76
27	6 739,00	2 961 075	1	376,88	423,94	513,17	443,85	100	100	100	100
9	2 230,55	1 132 800	—	—	533,09	496,38	507,86	—	126	97	114
16	3 945,47	2 087 581	—	535,23	432,05	681,18	529,11	142	102	133	119
14	3 501,31	2 510 516	—	607,64	748,73	883,42	717.02	161	177	172	161.5
14	3 428,52	2 418 494	—	587,80	735,28	764,63	705,40	156	173	149	159
5	1 240,73	922 099	1	747,63	824,40	684.48	767,37	198	194	133	175
—	—	—	—	—	—	—	—	Die prozentische Ent-			
—	—	—	—	—	—	—	—	wickelung der Preise bei			
—	—	—	—	—	—	—	—	Subhastationsfällen ist aus			
—	—	—	—	—	—	—	—	den oben ausgeführten Grün-			
—	—	—	—	—	—	—	—	den nicht zur Berechnung			
1	240,06	60 015	—	208,34	—	—	208,34	gelangt.			
4	961,95	398 250	—	—	232,77	597,13	414,05				
16	4 117,89	1 874 622	—	462,34	441,81	460,21	455,24				
7	1 789,77	879 815	—	—	406,86	603,21	491,58				
11	2 717,15	1 434 400	—	—	517,57	537,18	527,91				
7	1 703,09	836 200	—	371,93	528,93	451,09	490,99				
20	5 164,14	2 583 986	—	358,47	498,74	586,50	500,37				
10	2 494,44	1 568 755	—	527,60	591.37	844,71	628,90				

Tabelle VI. Grössenklasse: 300—500 ha

Zeit	Güter der Kreise mit vorwiegend											
	leichtem Boden				mittlerem Boden				schwerem Boden			
	Zahl	Areal ha	Preise Mk.	Altenteil	Zahl	Areal ha	Preise Mk.	Altenteil	Zahl	Areal ha	Preise Mk.	Altenteil
Kaufpreise												
bis 1800	2	908,50	47 000	—	6	2 543,74	471 692	—	2	762,75	203 073	—
1801—10	—	—	—	—	—	—	—	—	—	—	—	—
1811—20	—	—	—	—	5	2 085,81	416 247	—	3	1 372,50	529 496	—
1821—30	3	1 200,16	318 580	—	—	—	—	—	2	711,67	165 225	—
1831—40	3	1 275,86	171 720	—	7	3 010,44	466 535	—	10	3 937,52	940 063	—
1841—50	9	3 560,95	957 312	—	10	4 107,27	1 061 079	—	18	7 196,17	2 842 335	—
1851—60	19	7 035,37	2 256 559	—	30	13 175,20	4 114 374	—	21	8 322,27	3 592 505	—
1861—70	23	8 544,47	4 383 380	—	35	14 097,52	7 552 511	—	36	14 149,61	8 324 749	—
1871—75	18	6 444,85	3 876 018	—	25	10 154,98	5 885 209	—	20	8 607,56	6 100 002	—
1876—80	16	6 241,98	3 438 823	—	25	9 865,81	5 878 795	—	19	7 572,33	4 858 900	—
1881—85	15	5 634,58	3 339 333	—	20	7 836,57	4 843 727	—	23	8 899,32	7 005 868	—
1886—90	7	2 828,38	1 508 000	—	10	4 040,90	2 438 070	—	9	3 745,70	2 871 200	—
1891—94	13	5 435,04	3 223 443	—	27	10 558,90	6 457 000	—	20	8 083,44	5 536 560	—
Erbfallpreise												
bis 1800	—	—	—	—	—	—	—	—	—	—	—	—
1801—10	1	323,57	37 716	—	—	—	—	—	—	—	—	—
1811—20	—	—	—	—	—	—	—	—	—	—	—	—
1821—30	1	315,00	51 150	—	2	707,75	136 498	—	3	1 184,57	424 848	—
1831—40	2	748,25	260 000	—	—	—	—	—	2	794,02	353 661	—
1841—50	3	954,51	256 671	—	9	3 255,63	732 845	—	4	1 611,49	553 132	—
1851—60	7	2 545,61	568 443	—	6	2 115,72	734 421	—	7	2 725,82	910 314	—
1861—70	5	1 903,76	718 288	—	20	7 837,39	4 054 465	1	14	5 430,42	3 038 585	—
1871—75	6	2 125,24	969 297	—	10	4 110,09	1 836 318	1	15	5 819,84	4 168 797	—
1876—80	7	2 631,54	1 143 660	—	3	1 142,68	756 055	—	4	1 615,50	1 125 285	—
1881—85	2	736,95	480 000	—	9	3 754,92	2 492 004	—	2	713,64	443 800	—
1886—90	6	2 382,95	1 329 261	—	5	2 058,06	1 155 590	—	5	2 146,54	1 148 780	—
1891—94	3	978,08	447 600	—	2	712,09	469 160	—	5	1 879,28	1 377 180	—
Subhastations- preise												
bis 1800	—	—	—	—	—	—	—	—	—	—	—	—
1801—10	—	—	—	—	—	—	—	—	—	—	—	—
1811—20	—	—	—	—	—	—	—	—	—	—	—	—
1821—30	2	745,91	112 500	—	—	—	—	—	—	—	—	—
1831—40	1	470,05	73 500	—	—	—	—	—	2	905,13	79 770	—
1841—50	1	369,42	85 500	—	1	307,75	54 330	—	2	864,00	246 450	—
1851—60	6	2 086,12	509 415	—	4	1 584,14	504 538	—	3	1 198,95	251 550	—
1861—70	6	2 490,65	885 993	—	10	3 522,68	1 874 448	—	7	3 051,62	1 515 015	—
1871—75	3	1 037,52	475 500	—	3	1 215,60	1 029 705	—	8	3 202,11	1 959 800	—
1876—80	7	2 763,25	1 297 000	—	10	4 274,33	2 149 460	—	6	2 353,62	1 145 500	—
1880—85	3	1 120,38	523 400	—	5	2 029,11	1 040 205	—	3	1 119,36	602 500	—
1886—90	7	2 747,07	1 187 850	—	14	5 750,30	3 011 700	—	7	2 937,42	1 899 750	—
1891—94	2	688,70	361 000	—	—	—	—	—	2	784,74	287 198	—

Altenteil 2000 Mk. = 40 000 Mk. Kapitalwert. Tabelle VI.

Zahl	Überhaupt Areal ha	Überhaupt Preise Mk.	Altenteil	Leichter Boden	Mittlerer Boden	Schwerer Boden	Überhaupt	Leichter Boden	Mittlerer Boden	Schwerer Boden	Überhaupt
				\multicolumn{4}{c}{Preise pro ha in Mk.}	\multicolumn{4}{c}{Steigerung 1861—70 = 100}				
10	4 214,99	721 765	—	51,73	185,43	266,24	171,27	10	35	45	31
—	—	—	—	—	—	—	—	—	—	—	—
8	3 458,31	945 743	—	—	199,56	385,79	273,47	—	37	65,5	50
5	1 911,83	483 805	—	265,45	—	232,16	253,06	52	...	39	46
20	8 223,82	1 578 318	—	134,58	154,97	238,75	191,92	26	29	40,5	35
37	14 864,39	4 860 726	—	268,84	258,34	394,98	327,00	52	48	67	59
70	28 532,84	9 963 438	—	320,74	312,28	431,67	349,19	62	58	73	63
94	36 791,60	20 260 640	—	513,01	535,38	588,34	550,69	100	100	100	100
63	25 207,39	15 861 229	—	601,41	579,54	708,68	629,23	117	108	120	114
60	23 680,12	14 176 518	—	550,92	595,88	641,66	598,67	107	111	109	109
58	22 370,42	15 188 928	—	592,65	618,09	787,25	678,97	115,5	115	134	123
26	10 614,98	6 817 270	—	533,17	603,35	766,53	642,23	104	113	130	117
60	24 077,38	15 217 003	—	593,08	611,52	684,92	632,00	116	114	116	115
—	—	—	—	—	—	—	—	—	—	—	—
1	323,57	37 716	—	110,35	—	—	110,35	29	—	—	21
—	—	—	—	—	—	—	—	—	—	—	—
6	2 207,32	612 496	—	162,38	192,86	358,65	277,48	43	37	64	54
4	1 542,27	613 661	—	347,48	—	445,41	397,89	92	—	78	77
16	5 821,63	1 542 648	—	268,90	225,10	343,24	264,99	71	43	61	51
20	7 387,15	2 213 178	—	223,33	347,13	333,96	299,60	59	66	60	58
39	15 171,57	7 811 338	1	377,30	522,43	559,55	517,50	100	100	100	100
31	12 055,17	6 974 412	1	409,03	456,51	716,31	581,86	108	87	128	112
14	5 389,72	3 025 000	—	434,60	661,65	696,55	561,25	115	127	124	108
13	5 205,51	3 415 804	—	651,06	663,66	621,88	656,17	172,5	127	111	127
16	6 587,55	3 633 631	—	557,82	561,50	535,18	551,59	148	107	96	106,5
10	3 569,45	2 293 940	—	457,63	658,85	732,82	624,66	121	126	131	121
—	—	—	—	—	—	—	—				
2	745,91	112 500	—	150,82	—	—	150,82				
3	1 375,18	153 270	—	156,37	—	88,13	111,45				
4	1 541,17	386 280	—	231,44	176,54	285,24	250,64				
13	4 869,21	1 265 403	—	214,19	318,43	210,64	259,88				
23	9 064,95	4 275 456	—	355,73	532,11	496,40	471,65				
14	5 455,23	3 465 005	—	458,30	847,07	612,03	635,17				
23	9 391,20	4 591 960	—	469,37	502,88	486,69	488,96				
11	4 268,85	2 166 105	—	467,16	512,64	538,25	507,42				
28	11 434,79	6 099 300	—	432,41	523,75	646,74	533,40				
4	1 473,44	648 198	—	524,18	—	365,98	439,92				

Die prozentische Entwickelung der Preise bei Subhastationsfällen ist aus den oben angeführten Gründen nicht zur Berechnung gelangt.

Tabelle VII. Grössenklasse: 500—1000 ha.

		Güter der Kreise mit vorwiegend								
Zeit		leichtem Boden				mittlerem Boden			schwerem Boden	
	Zahl	Areal ha	Preise Mk.	Anteil	Zahl	Areal ha	Preise Mk.	Anteil	Zahl	Areal ha	Preise Mk.	Anteil

Zeit	Zahl	Areal ha	Preise Mk.		Zahl	Areal ha	Preise Mk.		Zahl	Areal ha	Preise Mk.	
Kaufpreise												
bis 1800	2	1 120,26	118 000	—	2	1 432,12	165 000	—	—	—	—	—
1801—10	—	—	—	—	1	868,25	212 100	—	—	—	—	—
1811—20	—	—	—	—	1	501,75	79 000	—	1	845,75	250 000	—
1821—30	4	2 486,17	250 380	—	5	2 996,63	421 750	—	4	2 735,07	483 486	—
1831—40	7	4 348,00	533 917	—	8	5 612,09	918 323	—	8	5 244,15	785 301	—
1841—50	12	7 686,68	1 777 691	—	5	3 658,38	765 025	—	15	10 660,52	3 111 795	—
1851—60	9	5 847,55	1 930 150	—	21	14 925,53	4 814 514	—	14	9 761,30	4 332 138	—
1861—70	32	22 039,89	9 534 735	—	35	23 967.87	11 205 102	—	42	29 214,46	14 342 505	—
1871—75	15	10 037,47	5 287 723	—	12	8 211,66	5 062 268	—	26	17 099,33	11 500 779	—
1876—80	15	9 893,85	6 471 921	—	23	16 359,06	9 854 300	—	13	9 192,61	5 725 347	—
1881—85	11	7 271,45	4 675 500	—	21	14 089,93	8 721 092	—	16	9 734,38	7 634 488	—
1886—90	5	3 610,54	1 947 630	—	18	13 009,07	7 346 182	—	21	14 292,24	9 958 456	—
1891—94	10	7 350,80	3 820 817	—	16	10 935,26	6 482 320	—	6	3 673,49	2 554 300	—
Erbfallpreise												
bis 1800	1	736,27	42 999	—	—	—	—	—	—	—	—	—
1801—10	—	—	—	—	—	—	—	—	—	—	—	—
1811—20	—	—	—	—	—	—	—	—	—	—	—	—
1821—30	1	520,00	87 498	—	—	—	—	—	1	830,75	189 000	—
1831—40	2	1 134,07	168 414	—	5	3 223,57	574 671	—	3	2 138.42	952 500	—
1841—50	7	4 862,55	892 248	—	16	11 781,11	2 686 578	—	10	6 871,42	2 282 387	—
1851—60	8	4 995,21	1 375 777	—	14	9 722,25	3 126 338	—	16	10 857,00	3 907 885	—
1861—70	17	10 570,18	4 500 710	—	18	13 730,43	6 436 375	—	25	16 637,87	8 353 844	2
1871—75	7	4 364,60	1 814 700	—	9	6 316,89	3 069 996	—	13	8 603,83	4 447 556	—
1876—80	7	4 940,39	1 951 648	—	9	6 298,35	2 888 313	1	7	5 250,70	2 831 941	—
1881—85	8	5 997,46	2 787 018	—	11	8 134,37	3 993 900	—	7	4 765,50	2 743 958	—
1886—90	3	1 793,63	922 700	—	7	4 112,19	2 257 264	—	4	2 629,30	1 763 801	—
1891—94	2	1 563,04	424 000	—	6	4 342,02	2 125 579	—	3	2 193,39	1 537 600	—
Subhastations-preise												
bis 1800	—	—	—	—	—	—	—	—	—	—	—	—
1801—10	1	539,75	117 660	—	—	—	—	—	—	—	—	—
1811—20	—	—	—	—	—	—	—	—	—	—	—	—
1821—30	—	—	—	—	1	883.75	115 800	—	1	679,05	77 850	—
1831—40	2	1 316,55	306 926	—	1	835,00	145 500	—	2	1 278,96	149 250	—
1841—50	1	723,50	55 575	—	2	1 388,25	237 045	—	—	—	—	—
1851—60	2	1 072,01	243 945	—	4	2 679,99	691 095	—	5	3 249,90	1 136 250	—
1861—70	8	6 125,79	2 006 313	—	8	5 604,17	2 523 345	—	7	4 146,95	1 505 835	—
1871—75	4	2 570,84	1 391 215	—	4	2 871,89	1 464 606	—	4	3 012,35	1 581 450	—
1876—80	2	1 564,75	607 000	—	9	6 657,14	2 894 355	—	6	3 822,01	1 334 000	—
1881—85	1	956,44	348 000	—	4	2 688.06	821 010	—	2	1 603,55	1 178 000	—
1886—90	5	2 807,96	1 254 700	—	6	4 399,54	2 490 315	—	5	3 317,56	1 912 000	—
1891—94	1	826,87	135 000	—	3	2 250,40	910 000	—	3	2 139,80	1 149 720	—

Altenteil 3000 Mk. = 6000 Mk. Kapitalwert. Tabelle VII.

Zahl	Überhaupt Areal ha	Überhaupt Preise Mk.	Altenteil	Leichter Boden	Mittlerer Boden	Schwerer Boden	Überhaupt	Leichter Boden	Mittlerer Boden	Schwerer Boden	Überhaupt
				Preise pro *ha* in Mk.				Steigerung 1861—70 = 100			
4	2552,38	283000 —		105,33	115,21	—	110,87	24	25	—	24
1	868,25	212100 —		—	244,28	—	244,28	—	52	—	52
2	1347,50	329000 —		—	157,44	295,59	244,15	—	34	60	52
13	8217,87	1155616 —		100,60	140,74	176,77	140,62	23	30	36	30
23	15204,24	2237541 —		122,79	163,63	149,74	147,16	28	35	30,5	31,5
32	22005,58	5659511 —		231,26	209,11	291,89	257,18	53	45	59	55
44	30534,38	11076802 —		330,07	322,57	433,87	362,76	76	69	88	73
109	75222,22	35082842 —		432,61	467,50	490,93	466,38	100	100	100	100
53	35348,46	21850770 —		526,78	616,47	672,58	618,15	122	132	137	132,5
51	35445,52	22051568 —		654,13	602,37	622,82	622,12	128	129	134	133
48	31095,76	21031080 —		642,99	618,95	784,28	676,33	149	132	168	143,5
44	30911,85	19252268 —		539,42	564,69	628,20	622,81	125	116,5	134	133
32	21959,55	12857437 —		519,78	592,79	695,33	585,50	120	127	142	125,5
1	736,27	42999 —		58,40	—	—	58,40	14	—	—	12
—	—	—		—	—	—	—	—	—	—	—
2	1350,75	276498 —		168,26	—	227,50	204,69	39,5	—	45	43
10	6496,06	1695585 —		148,50	178,27	445,42	261,63	35	38	87	55,5
33	23514,86	5861213 —		183,49	228,04	332,16	249,25	43	49	65	53
38	25574,46	8409900 —		275,41	321,56	359,93	328,83	65	68,5	71	70
60	40938,48	19290929 2		425,79	468,76	509,31	471,21	100	100	100	100
29	19285,32	9332252 —		415,77	485,99	516,92	483,90	98	104	101	103
23	16489,44	7671902 1		395,03	468,10	539,34	468,90	93	100	106	99,5
26	18897,33	9524876 —		464,69	490,99	575,79	504,03	109	105	113	107
14	8535,12	4943765 —		520,00	548,92	670,55	579,22	122	117	132	123
11	8099,45	4087179 —		271,26	489,53	701,01	504,13	64	104	138	107
—	—	—		—	—	—	—				
1	539,75	117660 —		217,98	—	—	217,98				
—	—	—		—	—	—	—				
2	1562,80	193650 —		—	131,03	114,64	123,91				
5	4430,51	601676 —		233,12	174,25	116,69	135,82				
3	2111,75	292620 —		76,81	170,75	—	138,56				
11	7001,90	2074290 —		227,55	257,87	349,60	295,81				
23	15876,91	6035493 —		327,51	450,26	363,11	380,15				
12	8455,08	4437271 —		541,15	509,07	524,98	524,80				
17	12043,90	4835355 —		387,92	401,40	349,03	401,47				
7	5248,05	2347010 —		363,84	305,42	734,62	447,21				
16	10525,06	5657016 —		446,83	566,03	576,32	537,48				
7	5217,07	2194720 —		163,26	404,37	536,74	420,68				

Die prozentische Entwickelung der Preise bei Subhastationsfällen ist aus den oben angeführten Gründen nicht zur Berechnung gelangt.

Tabelle VIII. Grössenklasse: über 1000 ha

Zeit	Güter der Kreise mit vorwiegend									
	leichtem Boden				mittlerem Boden				schwerem Boden		
	Zahl	Areal ha	Preise Mk.	Anteil	Zahl	Areal ha	Preise Mk.	Anteil	Zahl	Areal ha	Preise Mk.	Anteil
Kaufpreise												
bis 1800	2	3 064,50	545 199	—	1	1 556,24	150 000	—	5	6 055,83	1 070 812	—
1801—10	1	2 013,75	651 000	—	2	4 026,58	903 000	—	3	3 030,75	908 697	—
1811—20	2	3 546,00	1 032 000	—	—	—	—	—	1	1 011,00	180 000	—
1821—30	1	5 385,08	273 900	—	2	3 903,30	559 227	—	2	2 321,75	415 431	—
1831—40	1	2 106,93	363 000	—	3	4 473,73	618 766	—	6	11 202,29	1 955 077	—
1841—50	3	5 078,25	975 744	—	6	10 831,00	2 618 358	—	7	9 004,97	2 813 500	—
1851—60	7	9 670,00	2 831 808	—	12	18 703,05	5 210 278	—	9	12 809,26	5 000 580	—
1861—70	10	19 165,43	6 100 500	—	16	28 677,31	11 681 228	—	13	21 944,16	10 367 083	—
1871—75	4	7 530,65	1 972 200	—	6	9 062,71	5 515 637	—	5	6 479,48	3 780 750	—
1876—80	5	9 539,61	4 428 494	—	8	16 639,84	7 148 810	—	4	5 289,87	3 872 403	—
1881—85	5	7 513,47	2 957 415	—	4	4 635,88	3 248 100	—	3	3 699,58	2 188 550	—
1886—90	3	4 230,54	1 150 450	—	2	4 115,77	2 218 000	—	2	2 187,64	1 650 000	—
1891—94	8	16 442,00	7 544 721	—	8	19 108,00	8 750 000	—	7	8 159,00	3 785 000	—
Erbfallpreise												
bis 1800	1	1 532,25	155 499	—	1	3 120,00	200 000	—	1	1 258,50	160 500	—
1801—10	—	—	—	—	—	—	—	—	1	1 718,39	300 000	—
1811—20	—	—	—	—	—	—	—	—	—	—	—	—
1821—30	—	—	—	—	2	4 476,65	545 000	—	4	6 957,70	1 356 386	—
1831—40	3	4 431,29	497 500	—	5	9 772,31	1 593 108	—	2	3 355,52	690 000	—
1841—50	3	4 638,80	1 392 996	—	—	—	—	—	3	4 607,59	1 017 000	—
1851—60	5	8 476,23	1 764 000	—	8	14 049,44	2 920 350	—	8	9 851,76	2 720 571	—
1861—70	15	25 032,07	6 932 666	—	19	40 424,29	12 046 452	—	11	21 210,65	7 998 143	—
1871—75	1	1 251,75	312 000	—	5	5 664,83	2 217 075	—	3	4 217,60	1 689 843	—
1876—80	3	5 322,87	1 713 655	—	5	6 487,57	3 032 095	—	2	4 283 33	2 190 000	—
1881—85	7	10 869,46	4 400 990	—	3	4 043,12	2 577 976	—	9	15 084,20	6 930 201	—
1886—90	2	2 859,40	811 000	—	—	—	—	—	1	1 190,79	409 000	—
1891—94	1	1 371,91	540 000	—	2	2 933,11	1 101 850	—	6	6 962,53	3 215 700	—
Subhastations-preise												
bis 1800	—	—	—	—	—	—	—	—	—	—	—	—
1801—10	—	—	—	—	—	—	—	—	—	—	—	—
1811—20	1	1 532,25	192 000	—	—	—	—	—	—	—	—	—
1821—30	1	2 013,75	328 866	—	—	—	—	—	—	—	—	—
1831—40	1	1 672,05	108 600	—	—	—	—	—	—	—	—	—
1841—50	—	—	—	—	—	—	—	—	—	—	—	—
1851—60	—	—	—	—	2	2 481,35	813 030	—	—	—	—	—
1861—70	2	2 426,73	519 240	—	5	7 531,65	2 505 750	—	3	5 099,73	1 361 706	—
1871—75	3	4 339,36	1 837 215	—	2	5 373,48	1 449 150	—	1	1 395,40	870 000	—
1876—80	2	2 426,83	685 000	—	2	2 768,28	1 087 000	—	1	1 598,26	542 097	—
1881—85	2	6 475,94	704 500	—	3	3 499,72	1 835 000	—	—	—	—	—
1886—90	1	1 268,31	202 000	—	2	2 220,08	956 100	—	—	—	—	—
1891—94	1	2 130,00	950 000	—	3	3 696,69	1 246 000	—	2	2 508,39	1 266 000	—

Tabelle VIII.

	Überhaupt		Alllllll	Leichter Boden	Mittlerer Boden	Schwerer Boden	Überhaupt	Leichter Boden	Mittlerer Boden	Schwerer Boden	Überhaupt
Zahl	Areal ha	Preise Mk.		Preise pro *ha* in Mk.				Steigerung 1861—70 = 100			
8	10 676,57	1 766 011	—	177,91	96,39	176,82	165,40	56	24	37	41
6	9 071,08	2 462 697	—	323,28	224,26	299,82	271,48	101,5	55	63	67
3	4 557,00	1 212 000	—	291,03	—	178,04	265,96	91	—	38	66
5	11 610,14	1 248 558	—	250,86	143,27	178,90	107,54	16	35	38	27
10	17 682,95	2 936 843	—	172,29	141,47	174,52	166,08	54	35	37	41
16	24 914,22	6 407 602	—	192,14	241,75	312,43	257,18	60	59	66	64
28	41 182,31	13 042 666	—	292,84	278,47	390,38	316,75	92	68	83	78,5
39	69 786,90	28 148 811	—	318,31	407,33	472,43	403,35	100	100	100	100
15	23 072,84	11 268 587	—	261,89	608,61	583,49	488,39	82	149	123,5	121
17	31 469,32	15 449 707	—	464,22	429,62	732,04	490,94	146	105	155	122
12	15 848,93	8 394 065	—	353,69	700,64	591,56	529,62	111	172	125	131
7	10 533,95	5 018 450	—	271,94	538,90	754,23	476,40	85	143	160	118
23	43 709,00	20 079 721	—	458,86	457,92	463,90	459,39	144	112	98	114
3	5 910,75	515 999	—	101,41	64,10	127,53	87,29	37	21,5	34	28
1	1 718,39	300 000	—	—	—	174,58	174,58	—	—	46	56
—	—	—	—	—	—	—	—	—	—	—	—
6	11 434,35	1 901 386	—	—	121,74	94,94	166,28	—	41	52	53
10	17 559,12	2 780 608	—	112,26	163,02	205,63	158,35	40,5	55	54,5	51
6	9 246,39	2 409 996	—	300,29	—	220,72	266,04	108	—	58,5	85
21	32 377,43	7 404 921	—	208,11	207,86	276,15	228,70	75	70	73	73
45	86 667,01	26 977 261	—	276,99	298,00	377,08	311,27	100	100	100	100
9	11 134,18	4 218 918	—	249,25	391,37	400,66	378,91	90	131	106	122
10	16 093,77	6 935 750	—	321,94	467,37	511,28	430,95	116	157	135,5	138
19	29 996,78	13 909 167	—	404,89	637,62	459,43	463,68	146	214	122	149
3	4 050,19	1 220 000	—	283,62	—	343,46	301,22	102	—	91	97
9	11 267,55	4 857 550	—	393,61	375,65	461,85	431,10	142	126	122	138
—	—	—	—	—	—	—	—	Die prozentische Ent-			
—	—	—	—	—	—	—	—	wickelung der Preise bei			
1	1 532,25	192 000	—	125,30	—	—	125,30	Subhastationsfällen ist aus			
1	2 013,75	328 866	—	163,31	—	—	163,31	den oben angeführten Gründen			
1	1 672,05	108 600	—	64,95	—	—	64,95	den nicht zur Berechnung			
—	—	—	—	—	—	—	—	gelangt.			
2	2 481,35	813 030	—	—	327,65	—	327,65				
10	15 058,11	4 386 696	—	213,96	332,69	267,01	291,31				
6	11 108,24	4 156 365	—	423,38	269,68	623,47	374,16				
5	6 793,37	2 314 097	—	282,25	292,66	339,17	340,64				
5	9 975,66	2 539 500	—	108,78	524,32	—	254,56				
3	3 488,39	1 158 100	—	159,26	430,66	—	331,98				
6	8 335,08	3 462 000	—	446,00	337,05	504,70	415,35				

Bei der Betrachtung der Grundpreise dieser Güter soll nur auf das Unterscheidende hingewiesen werden, da es zu weit führt, das Gleichartige bei jeder Gruppe zu wiederholen.

Die Anzahl der betrachteten Veräusserungsfälle beträgt, wie folgt:

1. bei Gütern von 50—100 *ha*: Käufe 433, Erbfälle 299, Subhastationen 72,
2. „ „ 100—200 „ „ 411, „ 144, „ 71,
3. „ „ 200—300 „ „ 297, „ 99, „ 76.

Die Altenteile wurden wie folgt, mit Benutzung analoger Beispiele, errechnet und eingesetzt:

1. bei Gütern von 50—100 *ha* mit 500 Mk. jährlich = 10000 Mk. Kapital.
2. „ „ „ 100—200 „ 1000 „ „ = 20000 „ „
3. „ „ „ 200—300 „ 1500 „ „ = 30000 „ „

Die Preissteigerung des Grund und Bodens ist beim Mittelbesitz besonders charakteristisch. Der Kleinbesitz stieg von den 30er Jahren ab, seitdem sich Preise feststellen liessen, in seinem Kaufwert in einer ganz regelmässigen Linie in die Höhe; die Erbfallpreise folgten den Kaufpreisen in einem gewissen Preisabstand, aber beinahe ganz ebenso gleichmässig. Der Mittelbesitz dagegen verhält sich anders. Wir können zwar auch hier von den 30er Jahren ab ein andauerndes Steigen beobachten, aber nur bis in die 70er Jahre, von da ab beginnen die Schwankungen. Dabei ist es interessant zu sehen, dass die Schwankungen bei Kauf und Erbfall fast die nämlichen sind; sie sind daher als Ausdruck typischer Vorgänge, nicht als Zufall zu betrachten. Nach 1875 ist bei Käufen und Erbfällen, wenn auch kein Sinken, so doch nur ein sehr mässiges Steigen bemerkbar; dann wieder zu Beginn der 80er Jahre ein rapides Aufschnellen der Preise in Kauf sowohl wie Erbfall, und von dieser Zeit *ein Sinken bis heute*. Die Kaufpreise sind gegen den höchsten Stand von 1881/85 heute durchschnittlich um 50 Mk. pro Hektar (= $7,5\,^0/_0$), die Erbfallpreise um 80 Mk. pro Hektar (= $13\,^0/_0$) gefallen. Dieses Nachlassen der Preise, welches während der Excerpierung der Zahlen hie und da auch beim Kleinbesitz für die neueste Zeit auffiel, jedoch in der Gesamtmasse gegenüber den überwiegenden Preissteigerungsfällen nicht zum Ausdruck kam, ist also beim Mittelbesitz seit 1885 vorherrschend. Allerdings auch nur im Gesamtdurchschnitt der drei Grössenklassen; bei Betrachtung der Preise in den einzelnen Grössenkategorien finden sich manche Varianten und Abweichungen. So ist bei den kleinsten Gütern (50—100 *ha*) dieser Hauptgruppe nur ein geringes Weichen der Preise nach unten, und auch erst in den 90er Jahren bemerkbar: diese Art Güter schliessen sich in ihren Preisverhältnissen noch eng an die grösseren Bauerngüter (30—50 *ha*) an, die zwar im letzten Jahrfünft nicht im Preise sanken, aber deren Wertsteigerung doch eine Abnahme erfuhr. Die Güter von 100—200 *ha* erleiden einen Preissturz schon Ende der 70er Jahre, und bedeutsam ist es hier wiederum, dass in diesem Zeitraum die Erbfälle in gleicher Weise wie die Käufe sinken. Nach 1880 erheben sich diese Güter nur wenig, erst im letzten Jahrfünft zeigt sich wieder eine grössere Steigerung. Die Gruppe der grössten Güter von 200—300 *ha* sinkt in ihren Kaufpreisen am meisten und giebt den Ausschlag für das neuerliche Heruntergehen des Wertes des mittleren Grundbesitzes.

Die Grundpreise der mittleren Besitzungen lassen sich, was beim Kleinbesitz nicht der Fall war, bis in die ersten Jahrzehnte des Jahrhunderts zurückvererfolgen. Zwar ist die Sicherheit und Richtigkeit der Preisaufstellung dieser ferneren Zeit wegen des spärlicheren Materials nicht absolut verbürgt, aber es zeigen doch verschiedene gleichartige Beobachtungen, wie sie sich bei allen drei Grössenklassen in Kauf und Erbfall gleichmässig wiederholen, dass das Preisniveau der mittleren Güter in den 30er Jahren, gewiss infolge der polnischen Aufstände 1830/31, seinen tiefsten Stand hatte. Ende vorigen Jahrhunderts steht der Durchschnitt der Verkaufspreise mittlerer Güter in seinem Wert ohngefähr ebenso hoch, wie zu Anfang der 40er Jahre dieses Jahrhunderts, und erhebt sich dann um ein geringes in den ersten beiden Jahrzehnten, um in den 20er Jahren und noch weiter in den 30er Jahren zu fallen. Dieser tiefste Stand in den 30er Jahren ist bei allen drei Grössenkategorien, sowohl bei freihändigen Verkäufen wie bei erblichen Überlassungen, ersichtlich und ist zum Teil auch eine Nachwirkung der Krise der 20er Jahre, in welcher Zeit die Güterpreise ganz bedeutend herabgingen.

Die Erbfallpreise differieren auch beim Mittelbesitz erheblich von den Kaufpreisen, und zwar im Durchschnitt der Jahre 1831—94:

bei Gütern von 50—100 *ha* um 457—352 = 105 Mk. pro *ha*.
" " 100—200 " " 505—414 = 91 " " "
" " 200—300 " 510—477 = 33 " " "

Die Preiskurve der Erbfälle übersteigt bei den grössten Gütern des Mittelbesitzes in neuester Zeit sogar die der Verkäufe. Stehen auch im grossen Durchschnitt beim Mittelbesitz, ähnlich wie beim Kleinbesitz, die Preise bei Erbveräusserungen denen bei Käufen nach, so tritt doch hier mehr als bei dem Bauernbesitz, besonders aber in neuester Zeit die Tendenz hervor, die Güter ebenso hoch und manchmal noch höher den Erben zu bewerten, als der derzeitige mittlere Kaufwert beträgt. Es werden deshalb auch neuerdings mehr rückständige Erbgelder als früher eingetragen, und die Güter auch nach dieser Richtung hin mehr belastet. Der Erscheinung, dass die Erbüberlassungspreise die in der nämlichen Periode gezahlten Kaufpreise übertreffen, liegt oft eine Überschätzung des Bodens zu Grunde, wie sie jetzt so vielfach wahrgenommen werden kann.

Was die Preisverhältnisse der einzelnen Grössenkategorieen der mittleren Güter in ihrem Vergleichswert anlangt, so ist zu bemerken, dass unter ihnen die kleinsten Güter (50—100 *ha*) *am niedrigsten* sowohl bei Verkäufen wie bei Erbüberlassungen bewertet werden. Das Hektar kostete im Durchschnitt der Jahre bei diesen Gütern:

1841/94 im Kauf 502 Mk. (Güter von 0—30 *ha* : 500 Mk., Güter von 30—50 *ha* : 485 Mk.
1831/94 im Erbfall 352 " (" " 0—30 " : 395 " " 30—50 " : 355 " ,

es kommt also in seinem Preise den Bauerngütern ungefähr gleich. Höher bewerten sich die grösseren Güter des Mittelbesitzes, nämlich von 1831—94 pro Hektar:

Güter von 100—200 *ha* bei Kauf 505 Mk., bei Erbfall 414 Mk.
„ „ 200—300 „ „ 510 „ 477 „

(Güter von 51—100 *ha* bei Kauf 457 Mk., bei Erbfall 352 Mk.)

Hier ist es augenfällig, wie die Grösse der Güter ihren Preis bestimmt und beeinflusst. Die kleinsten Güter (0—30 *ha*) stehen, wenn auch nicht bedeutend, so doch immer höher im Preise als die beiden nächstgrösseren Klassen (30—50 und 50—100 *ha*). Von hier ab aber zeigt sich bei den beiden anderen grösseren Mittelbesitzkategorieen (100—200 und 200—300 *ha*) eine zunehmend höhere Bewertung der Flächeneinheit.

So lehrt auch ein Vergleich der Tafeln des Klein- mit der des Mittelbesitzes, wie fortdauernd der letztere höher bewertet wurde als der erstere. Von der Periode 1831—40 ausgehend, sieht man, dass in dieser der Mittelbesitz noch etwas niedriger steht als der Kleinbesitz. Schon 1841—50 aber steht er um 30 Mk. pro Hektar höher, 1851—60 um 60 Mk., 1861—70 um 100 Mk., 1871—75 um 130 Mk., 1881—85 wieder um 100 Mk., um nur in neuester Zeit, als die Reaktion beim Mittelbesitz in den Grundpreisen eintrat, von den noch weiter ansteigenden Preisen des Kleinbesitzes überflügelt zu werden.

Die Gründe dieser Thatsachen lassen sich leicht erklären. Die Bauern beharrten meist in der alten Wirtschaftsweise und waren nicht in der Lage, grössere Kapitalien in ihren Wirtschaften anzulegen, ausserdem wurde von ihnen als Langeingesessenen der Wert des Grund und Bodens landesüblicher und deshalb vorsichtiger geschätzt; infolgedessen hielt sich die Wertsteigerung immer in entsprechenden zeitgemässen Grenzen. Bei den mittleren Besitzern kam schon mehr die Kenntnis landwirtschaftlicher Vervollkommnung zum Ausdruck: sie zahlten höhere Preise für Grund und Boden, weil sie vermöge ihrer besseren Wirtschaftsweise auch höhere Erträge und damit eine höhere Grundrente zu erzielen imstande waren; sie konnten den Aufschwung der Marktkonjunkturen besser ausnutzen und demgemäss auch höhere Preise für Land anlegen. Dass dabei vielfach eine Überschätzung des Bodens mitspielt, ist für die Provinz Posen bekannt. Landwirte aus hoch kultivierten Gegenden Deutschlands kamen nach der Provinz und waren erstaunt über die beispiellos niedrigen Preise, die man ihnen dort für Güter abforderte. Gewöhnt an die höhere Bewertung des Bodens in ihrer Heimat, boten sie häufig mehr, als das Gut wert war, vielfach zu ihrem eigenen Schaden, wenn bei den geringen Erträgen des Bodens die erhoffte Rente nicht eintreten wollte. Diese höhere Preisspannung im Verein mit der bekanntermassen sehr bedeutenden Verschuldung veranlasste infolge des Rückganges der Produktenpreise auch den jüngsten Rückgang der Bodenpreise, welcher wiederum das Ergebnis der mannigfachen Notverkäufe und Subhastationen ist, bei denen gerade der Mittelbesitz die meisten Wertverluste erlitt.

4. Die Grundpreise des Grossbesitzes.

(Siehe Tabellen VI, VII, VIII, S. 36—41.)

Der Grossgrundbesitz ist in die Gruppen 300—500 ha, 500—1000 ha und über 1000 ha eingeteilt worden. Es wurden gezählt:

	an Käufen	an Erbfällen	an Subhastationen
Güter von 300—500 ha	511	170	125
„ „ 500—1000 „	456	247	104
Güter über 1000 „	189	142	40

Die Altenteile wurden eingesetzt mit:

bei Gütern von 300—500 ha : 2000 Mk. jährlich,
„   500—1000 „ : 3000 „

Bei den Gütern der grössten Gruppe waren keine Altenteile ohne Wertangabe notiert.

Die Preisbewegung des Grossgrundbesitzes verläuft in ähnlicher Weise wie die des Mittelbesitzes. Der tiefste Preisstand liegt hier in den zwanziger Jahren, in denen das Hektar nur 133 Mk. kostete. Hier ist der Eindruck der damaligen Krise mit den enorm gesunkenen Getreidepreisen, als der Scheffel Roggen einen Thaler kostete, auf die Güterpreise besonders bemerkbar. Während beim Mittelbesitz die dreissiger Jahre mit 32 Mk. pro Hektar am niedrigsten standen, beobachtet man beim Grossbesitz in dieser Zeit schon eine kleine, wenn auch nicht erhebliche Steigerung. Jedenfalls kann man von 1800—1820 eine Steigerung annehmen, und zwar übereinstimmend bei beiden Gruppen. Für den Kleinbesitz liegen zum Vergleich keine Zahlen vor, indes ist auch bei ihm der tiefste Stand in den zwanziger Jahren, so dass man diese Zeit nach alledem wohl als die Zeit des niedrigsten Standes der Grundpreise im allgemeinen aussprechen kann. Seit den dreissiger Jahren verhält sich die Preisbildung des Grundbesitzes fortdauernd in aufsteigender Linie, ganz ebenso wie die des Mittelbesitzes. Erst nach 1870 sieht man die Preise in's Wanken geraten. Zunächst macht sich nach der erreichten Preishöhe des ersten Jahrfünfts der 70er Jahre (586 Mk. pro Hektar) eine Preisreduktion um 2,7 % geltend. Beim Mittelbesitz kann man ähnlich bemerken, dass hier wenigstens ein Preisstillstand eintrat. Bei beiden Besitzkategorieen sehen wir also in dem Zeitraum von 1876—80 eine Depression in der Preisbildung gegenüber der rapiden Preissteigerung der vergangenen Jahrzehnte. Es liegt der Grund für diese Depression wohl in der Ernüchterung, die seit der Güterspekulation nach dem Kriege eintrat, in welcher Zeit man massenhaftes Kapital im Grundbesitz der Provinz Posen anlegte und die Güter stark in die Höhe trieb. Auch begannen damals die Getreidepreise herabzugehen.

Seit dem Stande von 1876—80 nehmen die Grundpreise jedoch einen abermaligen Aufschwung bis zum letzten höchsten Kulminationspunkt in den Jahren 1881—85. Diese Erscheinung liegt bei Gross- und Mittelbesitz gleichmässig vor, bei Kauf wie bei Erbfall, so dass hier ein Zufall ausgeschlossen ist. Die Steigerung beträgt beim Grossbesitz im Kauf 13 %, im Erbfall 10 %, beim Mittelbesitz im Kauf 12 %, im Erbfalle 21 %.

Worin der Grund für diese Steigerung zu suchen ist, lässt sich schwer bestimmen, da doch die Produktenpreise in dem Jahrfünft von 1881—85 gegen das vorige auch wieder sanken. Vielleicht trug die 1879 begonnene Schutzzollpolitik, gemäss welcher Einfuhrzölle auf russisches Getreide gelegt wurden, zur Hoffnung bei, dass für die Provinz Posen bessere Zeiten mit höheren Getreidepreisen und Reinerträgen kommen würden.

In gleich konstanter Weise, in Kauf und Erbfall, ist beim Grossgrundbesitz seit 1885 der *Fall der Grundpreise* bis heute, ähnlich wie beim Mittelbesitz, zu beobachten. Der Preisfall beträgt 1891—95 seit dem höchsten Stande beim Grossbesitz im Kauf $16^0/_0$, im Erbfall $4,8^0/_0$, beim Mittelbesitz im Kauf $7,5^0/_0$, im Erbfall $11^0/_0$.

In den einzelnen Grössenklassen des Grossgrundbesitzes begegnen wir gewissen, voneinander bald mehr bald weniger abweichenden Erscheinungen. Der Preisdruck 1876—80 äussert sich in der Kategorie von 300—500 *ha* bei Käufen in einem Sinken des Preises, während bei den beiden anderen Grössenkategorieen eine Preiserhöhung, wenn auch nur ganz unerheblich, eintritt. Seit 1885 ist das Sinken allen drei Grössenklassen gemeinsam, nur mit dem Unterschied, dass die Güter von 300—500 *ha* den geringsten Preisfall aufzuweisen haben.

Am niedrigsten stehen die Preise für die Flächeneinheit bei den grössten Gütern über 1000 *ha*. Hier spricht der Umstand mit, dass in dem Latifundienbesitz die ausgedehntesten Forsten zu finden sind, die naturgemäss nicht so hoch bewertet werden. Die Durchschnittshektarpreise gestalten sich demnach folgendermassen (1800—95):

	bei Käufen	bei Erbfällen
Güter von 300—500 *ha*	441	440
„ „ 500—1000 „	392	346
Güter über 1000 „	338	283

Vergleicht man diese Angaben mit den Preisen des Mittel- und Kleinbesitzes, so kann man als Tendenz feststellen, dass kleinste Güter am höchsten bewertet werden; minder hoch ist die Bewertung grösserer Bauerngüter; dann steigt die Bewertung in den mittleren Grössenlagen, um beim Grossgrundbesitz mit der zunehmenden Grösse abzunehmen.

Auch beim Grossgrundbesitz stehen die Erbfallpreise den Kaufpreisen, ähnlich wie beim Mittelbesitz, nach, doch weisen sie nichts besonders charakteristisches auf, so dass sie übergangen werden können.

Die Höhe der Preissteigerung seit dem niedrigsten Stande in den zwanziger Jahren beträgt 1881—85 beinahe das 5fache, beim Mittelbesitz ist der höchste Stand 1881—85 5—6mal so hoch als der niedrigste Stand der dreissiger Jahre.

5.

Fassen wir das dem ganzen Grundbesitz in der Provinz gemeinsam Eigentümliche zusammen, so ergiebt sich folgendes Bild der Grundpreisentwickelung (siehe Tabelle XII. S. 57). Für den Beginn des Jahrhunderts ist der Eindruck, den die gewonnenen Zahlen machen, der, dass seit der Wende des Jahrhunderts ein gewisser Preisaufschwung in den ersten beiden Jahrzehnten zu bemerken ist. Trotz des damaligen Kriegszustandes haben wir in jener Zeit noch einen Hektarpreis von rund 250 Mk. oder 20 Thlr. pro Morgen. Hier ist die Zeit nach Aufhebung der Kontinentalsperre und nach dem Wiener Frieden, in der allgemein ein Aufblühen der Landwirtschaft erfolgte, massgebend gewesen. Darauf folgt die Not der 20er Jahre mit rapidem Sturz der Güterpreise, veranlasst durch überreiche Ernten in mehreren Jahren und Verschuldung aus den Zeiten der napoleonischen Kriege. Die massenhaften Subhastationen entwerten die Güter um 40—50 $^0/_0$, auf rund 150 Mk. pro Hektar herab. Kaum hat sich die Landwirtschaft von dem allgemeinen Niedergang des Verkehrs erholt, so folgen die polnischen Unruhen 1830—31, welche die Güterpreise noch weiter auf einem niedrigen Niveau halten. Erst in den 40er Jahren beginnt mit der Blüte der Landwirtschaft ein dauerndes Steigen der Güterpreise. Die Ausfuhr nach England belebt sich; die Agrargesetzgebung schafft neue Verhältnisse; die Industrie, der Verkehr dehnt sich immer mehr aus; die Technik der Landwirtschaft wird vervollkommnet. Die Getreidepreise steigen und mit ihnen die Güterpreise in den drei Jahrzehnten bis 1870. Ein vorübergehender Notstand zu Beginn der 50er Jahre hat keine Wirkung auf die fortdauernd steigende Preisentwickelung. Wir haben 1870—75 schon einen durchschnittlichen Preisstand von 575 Mk. pro Hektar, ungefähr $3^1/_2$ mal so hoch, als in den 20er Jahren. Die Konkurrenz der überseeischen Staaten und Russlands in der Getreideproduktion führen Ende der 70er Jahre zu einem Niedergang der Getreidepreise und leiten eine Krise ein, die ihren Ausdruck auch in gesunkenen Bodenpreisen — wenigstens beim Gross- und Mittelbesitz — findet. Zwar zeigt sich 1881—85 noch eine durchgängige Preissteigerung des Grundbesitzes, jedoch der höchste Standpunkt ist erreicht. Das Hektar hat einen durchschnittlichen Preis von 675 Mk., gleich dem $4^1/_2$fachen des Standes der 20er Jahre. Das fortgesetzte ungemein starke Sinken der Getreide- und Viehpreise und die dadurch gedrückten Reinerträge äussern sich nunmehr, wenn man den Kleinbesitz ausschliesst, in einem Rückgang der Grundpreise um durchschnittlich 11 $^0/_0$.

Das Steigen der Grundpreise[1]) entspricht kaum einem Steigen der Grundrente, sondern hat seinen Hauptgrund in dem Mehraufwand von Kapital und Arbeit am Boden. Allerdings ist es unzweifelhaft, dass beim Vergleich von verschiedenen landwirtschaftlichen Verhältnissen der Provinz die Existenz einer Grundrente, wenn auch einer verschwindend geringen, zugegeben werden muss. Güter mit Rüben- und Weizenboden sind unter den heutigen gedrückten Konjunkturen immer noch lebensfähiger als solche mit magerem Roggen- und Kartoffelboden.

---

[1]) Ein ähnliches Steigen der Grundpreise ist von STRISSACEK a. a. O. für den Saalkreis und den Merseburger Kreis (Provinz Sachsen) seit 1740 und für das Königreich Sachsen von 1885—92 in der sehr eingehenden amtlichen Statistik (Jahrgang 37 und 39) nachgewiesen worden. Ein Rückgang der ländlichen Grundpreise in der Neuzeit ist in beiden Untersuchungen für sächsische Verhältnisse nicht festzustellen gewesen, höchstens ein Nachlassen der Steigerung.

Wie aus Tabelle XII (S. 57) hervorgeht, so hat auch die Bodenqualität einigen Einfluss auf die Preisentwicklung des Grund und Bodens. Beim Kleinbesitz kann man bemerken, dass gute und geringe Böden nicht allzusehr in ihren Preisen voneinander differieren; erst in neuerer Zeit ist der Wert des guten Bodens infolge besserer Kultur erkannt worden und wird höher geschätzt. Am weitesten nach oben entfernt sich der gute Boden des Mittelbesitzes von dem geringeren, ähnlich auch beim Grossbesitz, nur dass bei dem guten Boden des letzteren im letzten Jahrzehnt ein grosser Preisrückgang eintritt, während der geringe Boden des Grossbesitzes nie so hoch gestiegen war, um einen tiefen Preisfall zu erleiden. Bedeutend sind auch die Schwankungen des guten Bodens beim Mittelbesitz. Es rührt das wohl zum Teil daher, dass bessere Böden immer mehr gesucht sind als leichtere, da man sich von ersteren eine grössere Sicherheit der Rente und der eigenen Existenz verspricht. Daher stammt die grössere Nachfrage nach besseren Gütern und damit vielleicht eine Übertenerung derselben, der dann ein um so jäherer Preisrückgang folgt.

Was die Beziehungen des Grundsteuerreinertrages zum Kaufpreis betrifft, so ist ersterer von uns im Mittel von 8.40 Mk. pro Hektar errechnet worden. Sein Verhältnis zu letzterem geht aus Tabelle XII (S. 57) hervor. Heute beträgt der mittlere Hektarkaufpreis das 76fache des mittleren Grundsteuerreinertrages.

Im allgemeinen kann man wohl nicht sagen, dass die Preisbildung des landwirtschaftlich genutzten Grund und Bodens in der Provinz Posen nach unnatürlichen Gesetzen erfolgt sei. Gewiss muss zugegeben werden, dass in manchen Fällen Überschätzungen vorkommen, und zu hohe Preise angelegt worden sind. Doch gleicht sich dies im grossen und ganzen aus, und man wird der Landwirtschaft wohl zutrauen dürfen, dass sie beim Kauf von Gütern den zeitgemässen Wert derselben gezahlt und die Grundsätze bei der Taxierung beobachtet hat, wie sie landesüblich sind. Wenn ein Landwirt vor zwanzig Jahren ein Gut kaufte, so konnte er unmöglich in seinen Preisanschlag einschliessen, dass die Getreidepreise einen derartigen Fall erleiden würden. Gewiss durfte er nicht damit rechnen, dass letztere eine fortwährende Steigerung erfahren würden, weshalb aber musste er gerade notwendig davon überzeugt sein, dass die Getreidepreise *dauernd* eine *weichende* Tendenz annehmen würden? Die Kaufpreise des Grund und Bodens haben sich nach unserer Auffassung naturgemäss entwickelt und sind den gestiegenen Kulturaufwendungen wie auch annähernd dem Stande der Produktenpreise gefolgt. Eine andere Frage ist jedoch die, ob die Preise der landwirtschaftlichen Erzeugnisse sich natürlich entwickelt haben, welche indes nicht hierher gehört.

6. Die Subhastationen.

(Siehe Tabellen IX, X, XI, S. 50—52.)

Die in den Zwangsversteigerungen erzielten Preise laufen, wenn sie auch im allgemeinen das Bild einer Steigerung zeigen, so wenig übereinstimmend mit der allgemeinen Wertentwicklung des Grund und Bodens, dass sie gesondert betrachtet werden müssen. Sie entsprechen auch oft nicht den thatsächlich erlangten Preisen in den Fällen, wo der Ersteher des Gutes ein Gläubiger ist und es für nützlich hält, zur Rettung seiner Forderung sich an der Bietung zu beteiligen. Häufig behält er das Gut zu einem geringen Werte, der dann als gezahlter Zuschlagspreis amtlich vermerkt wird; über diesen Preis hinaus aber geht sein Guthaben oder ein Teil desselben, welches eigentlich mit zu dem Preise gerechnet werden muss, weil er den Gutswert doch noch so hoch hält, dass er glaubt, seine Forderung bei einem späteren Verkauf wieder zu erhalten. Wieviel Kapitalverluste bei derartigen Zwangsversteigerungen stattfinden, geht aus folgenden Beispielen hervor. Ein Gut von 84,14 ha war im Jahre 1888 mit 37 725 Mk. Hypothekenschulden belastet, nachdem es im Jahre 1884 dem übernehmenden Sohne mit 27 500 Mk. angerechnet war. Es kam 1888 zur Subhastation und wurde von einem jüdischen Kaufmann für 20000 Mk. erstanden; beinah die Hälfte der Hypothekenschulden wurden also nicht gedeckt. Ein anderes Gut von 274 ha war bei einem letzten Kaufpreis im Jahre 1881 von 210 000 Mk. im Jahre 1885 mit 225200 Mk. Hypotheken, also über den letzten vor noch nicht langer Zeit gezahlten Kaufpreis hinaus belastet. Ein Jahr darauf erstand es eine Hypothekenbank zu Stettin für 132 100 Mk., stand aber selbst hinter der Landschaft (97 200 Mk.) und einer eingetragenen Mitgift (60 000) mit einer Forderung von 63000 Mk., also gab sie eigentlich 195 100 Mk., ein Preis, der noch unter der Taxe der Landschaft vom vergangenen Jahre (1885) = 195 200 Mk. stand. Meistens erreichen die Subhastationspreise die Taxen der Landschaft nicht. Ein Gut von 197 ha hatte 1880 einen Taxwert von 149 200 Mk., war 1886 mit 131 900 Mk. verschuldet, = ca. 90% des Wertes von 1868 (138 000 Mk.) und brachte 1886 in der Zwangsversteigerung 120 300 Mk. oder 80% des Taxwertes. Im allgemeinen sind die Subhastationen die Folge von zu hoher Überschuldung. Ein Gut von 141 ha war bei einem Kaufpreise von 100 000 Mk. im Jahre 1889 mit 94 760 Mk. im Jahre 1871 verschuldet, also mit 94% des Wertes; es kam 1891 zur Subhastation und wurde mit 91 500 Mk. erstanden. Ein anderes Gut von 227 ha kostete 1887 im freihändigen Kauf 180 000 Mk. und war dabei mit 173 600, also mit 96% des Wertes verschuldet und höher als der landschaftliche Taxwert von 1882 (= 173 200) betrug; es wurde im Jahre 1888 für 171 000 Mk. versteigert. Gerade bei den Subhastationen kommt die hohe Verschuldung des Grundbesitzes, wie sie in der Provinz Posen bekanntlich vorliegt, die jedoch das höchst geringe Material der Landschaft mir nicht typisch nachzuweisen verstattet, in ihren Extremen zum Ausdruck. Ein Gut von 180 ha, welches 1874 mit 79 200 Mk. subhastiert war, wird 1877 für 107 400 Mk. erkauft, ist aber 1883 schon mit 112 875 Mk., also mit 105% des damaligen Wertes, ausser den Pfandbriefen mit rückständigen Kauf- und Erbgeldern belastet.

(Fortsetzung Seite 53.)

Tabelle IX. Die Subhastationspreise der subhastirten Güter, verglichen mit den Kaufpreisen und landschaftlichen Taxen der nämlichen Güter.
1. Kleinbesitz unter 50 ha.

Zeit	Kreise mit durchschnittlich									Preise pro *ha* überhaupt Mk.
	leichtem Boden			mittlerem Boden			schwerem Boden			
	Zahl	Areal *ha*	Preis Mk.	Zahl	Areal *ha*	Preis Mk.	Zahl	Areal *ha*	Preis Mk.	
									Überhaupt	
	Zahl	Areal *ha*	Preis Mk.							
Subhastationspreise										
1841—50	—	—	—	—	—	—	—	—	—	—
1851—60	—	—	—	—	—	—	2	47,68	7 507	156,39
1861—70	6	200,25	55 555	6	177,82	51 856	3	37,03	20 476	308,16
1871—75	3	70,62	15 125	8	198,14	90 955	5	131,62	55 720	404,50
1876—80	9	241,66	118,535	17	394,93	177 350	11	263,06	102 910	443,10
1881—85	5	141,27	10,550	14	335,48	148 725	15	369,77	181 425	402,71
1886—90	4	87,89	57,400	17	454,10	251 560	7	225,28	104 705	539,32
1891—94	3	58,74	39,200	6	122,08	68 510	9	234,40	117 705	543,16
Kaufpreise										
1841—50	—	—	—	—	—	—	—	—	—	—
1851—60	—	—	—	—	—	—	—	—	—	—
1861—70	—	—	—	2	73,77	21 300	4	202,62	102 200	447,46
1871—75	2	80,39	18 700	3	113,64	58 278	5	161,79	103 080	505,78
1876—80	3	77,55	48 250	10	341,89	166 360	8	258,12	118 125	491,48
1881—85	1	33,34	15 200	7	234,66	111 125	13	336,86	176 765	500,97
1886—90	10	301,50	190 260	14	380,54	207 530	15	584,87	336 780	579,77
1891—94	2	49,02	34 800	9	338,33	216 600	13	349,94	240 880	667,91
Landschaftstaxen										
1851—60	—	—	—	—	—	—	1	42,92	15 000	348,83
1861—70	—	—	—	—	—	—	—	—	—	—
1871—75	3	129,99	54 000	1	42,66	18 600	3	185,58	103 200	491,34
1876—80	11	332,66	142 200	32	957,43	406 800	12	299,79	120 600	421,13
1881—85	9	237,39	88 200	25	557,41	277 400	22	545,23	266 400	471,64
1886—90	9	198,54	101 000	15	364,77	182 200	8	165,73	73 600	489,43
1891—94	1	13,93	4 000	6	177,72	124 950	4	117,55	60 400	612,78
Grundsteuerreinertrag										
	25	625,63	4 503	63	1603,31	15 831	44	998,82	11 498	9,86

Überhaupt: Zahl / Areal *ha* / Preis Mk. columns (rightmost group before Preise pro ha):
- 1851—60: 2 / 48 / 7 507
- 1861—70: 15 / 415 / 127 887
- 1871—75: 16 / 400 / 161 800
- 1876—80: 37 / 900 / 398 795
- 1881—85: 34 / 846 / 340 700
- 1886—90: 28 / 767 / 413 665
- 1891—94: 18 / 415 / 225 415
- Kaufpr. 1861—70: 6 / 276 / 123 500
- 1871—75: 10 / 356 / 180 058
- 1876—80: 21 / 677 / 332 735
- 1881—85: 21 / 605 / 303 090
- 1886—90: 39 / 1 267 / 734 570
- 1891—94: 24 / 737 / 492 280
- Landsch. 1851—60: 1 / 43 / 15 000
- 1871—75: 7 / 358 / 175 800
- 1876—80: 55 / 1 590 / 669 600
- 1881—85: 56 / 1 340 / 632 000
- 1886—90: 32 / 729 / 356 800
- 1891—94: 11 / 309 / 189 350
- Grundst.: 132 / 3 228 / 31 832

— 51 —

Tabelle X. Die Subhastationspreise der subhastierten Güter, verglichen mit den Kaufpreisen und landschaftlichen Taxen der nämlichen Güter.
II. Mittelbesitz von 50—300 ha.

Zeit	Kreise mit durchschnittlich							Überhaupt			Preis pro *ha* überhaupt Mk.
	leichtem Boden			mittlerem Boden			schwerem Boden						
	Zahl	Areal *ha*	Preis Mk.	Zahl	Areal *ha*	Preis Mk.	Zahl	Areal *ha*	Preis Mk.	Zahl	Areal *ha*	Preis Mk.	
Subhasta-tionspreise													
1801—10	—	—	—	—	—	—	—	—	—	—	—	—	
1811—20	—	—	—	—	—	—	—	—	—	—	—	—	
1821—30	1	182,03	16 110	—	—	—	—	—	—	1	182	16 110	88,51
1831—40	—	—	—	—	—	—	—	—	—	—	—	—	
1841—50	2	410,31	130 000	—	—	—	—	—	—	2	410	130 000	317,07
1851—60	1	69,24	36 300	7	1 142,43	263 000	3	357,11	120 900	11	1 569	420 200	267,81
1861—70	11	2 648,37	913 000	19	3 033,05	1 325 000	12	1 612,32	665 600	42	7 294	2 903 600	398,08
1871—75	6	713,29	287 250	11	1 747,13	740 000	10	1 666,93	962 300	27	4 127	1 989 550	482,08
1876—80	10	2 559,10	931 550	14	2 333,43	1 180 300	19	2 450,95	1 348 100	43	7 343	3 459 950	471,19
1881—85	6	854,08	429 600	15	2 168,55	1 056 800	8	1 108,38	516 200	29	4 131	2 002 600	484,77
1886—90	11	2 026,14	765 100	29	4 293,89	2 555 300	18	3 245,40	1 718 100	58	9 565	4 738 500	495,39
1891—94	4	943,25	499 000	9	1 807,08	974 600	9	1 281,24	783 300	22	4 032	2 256 900	559,74
Kaufpreise													
1801—10	—	—	—	—	—	—	—	—	—	—	—	—	
1811—20	—	—	—	—	—	—	—	—	—	—	—	—	
1821—30	3	605,00	127 000	1	276,00	21 900	—	—	—	4	881	148 900	169,01
1831—40	—	—	—	2	467,50	44 600	2	517,96	80 400	4	985	125 000	126,90
1841—50	4	701,86	220 600	6	1 424,81	369 100	3	544,16	177 000	13	2 671	766 700	287,04
1851—60	12	2 187,87	718 900	13	2 013,34	876 900	10	1 302,23	524 200	35	5 503	2 120 000	385,24
1861—70	12	1 755,48	722 380	32	5 372,81	2 862 300	26	3 857,12	1 966 400	70	10 985	5 551 080	505,33
1871—75	14	2 351,83	1 071 960	28	4 458,00	2 669 100	16	2 550,80	1 716 800	58	9 361	5 457 860	583,04
1876—80	15	2 578,31	1 393 600	24	4 145,95	2 458 000	25	3 664,61	2 396 400	64	10 389	6 248 000	601,40
1881—85	13	2 306,11	1 205 700	17	2 919,24	2 039 400	20	3 166,15	2 198 200	50	8 391	5 443 300	648,70
1886—90	4	890,13	446 300	14	2 012,06	1 468 000	12	2 021,46	1 137 900	30	4 924	3 052 200	619,86
1891—94	5	922,26	437 800	12	2 088,25	1 094 800	7	1 371,38	932 400	24	4 382	2 465 000	562,52
Land-schafts-taxen													
1851—60	5	653,18	231 900	18	2 940,28	1 004 800	9	1 021,55	304 800	32	4 615	1 541 500	334,01
1861—70	17	3 378,41	1 222 800	36	7 151,14	2 752 800	27	4 599,26	1 560 200	80	15 129	5 535 800	365,90
1871—75	24	4 191,61	2 195 600	44	8 296,69	4 866 000	25	3 972,94	2 373 800	93	16 761	9 435 400	562,93
1876—80	14	1 794,47	901 800	22	3 987,01	2 280 000	25	3 955,26	2 218 400	61	9 737	5 400 200	554,60
1881—85	14	2 281,25	1 351 200	30	5 271,16	3 276 800	10	1 597,69	992 400	54	9 149	5 620 400	611,42
1886—90	1	187,13	78 800	23	3 521,87	2 165 200	8	902,85	497 400	32	4 612	2 741 400	594,40
1891—94	1	268,74	155 000	5	1 065,66	736 000	—	—	—	6	1 334	891 000	667,90
Grund-steuer-reinertrag	27	4 512,16	37 017	56	8 296,90	72 010	41	6 083,76	60 637	124	18 893	169 664	8,98

1*

Tabelle XI. Die Subhastationspreise der subhastierten Güter, verglichen mit den Kaufpreisen und landschaftlichen Taxen der nämlichen Güter.
III. Grossbesitz über 300 ha.

Zeit	Kreise mit durchschnittlich						Überhaupt			Preis pro ha überhaupt Mk.
	leichtem Boden		mittlerem Boden		schwerem Boden					
	Zahl	Areal ha	Preis Mk.	Zahl	Areal ha	Preis Mk.	Zahl	Areal ha	Preis Mk.	Zahl	Areal ha	Preis Mk.	

Zeit	Zahl	Areal ha	Preis Mk.	Zahl	Areal ha	Preis Mk.	Zahl	Areal ha	Preis Mk.	Zahl	Areal ha	Preis Mk.	Preis pro ha
Subhastationspreise													
1801—10	2	2 072,00	309 660	—	—	—	—	—	—	2	2 072	309 660	149,45
1811—20	—	—	—	—	—	—	—	—	—	—	—	—	—
1821—30	4	3 082,25	471 600	1	883,00	115 800	1	694,20	77 800	6	4 659	665 200	142,73
1831—40	4	2 922,22	257 700	5	5 174,75	911 600	3	1 779,00	219 600	12	9 876	1 388 900	140,63
1841—50	2	1 092,92	141 075	2	1 388,75	237 000	3	1 261,00	366 400	7	3 743	744 475	198,88
1851—60	10	7 173,91	1 293 900	9	6 537,18	2 038 400	10	5 249,13	1 949 500	29	18 960	5 281 800	278,57
1861—70	16	11 378,65	3 630 800	22	14 946,03	6 206 300	16	10 687,24	4 281 300	54	37 012	14 118 400	381,45
1871—75	10	7 435.69	3 446 200	9	11 297,11	3 916 200	13	7 214,05	3 796 000	32	25 947	11 158 400	430,04
1876—80	11	6 724,00	2 589 000	22	13 583,85	6 139 000	15	8 898,10	3 668 000	48	29 206	12 396 000	424,43
1881—85	5	8 183,29	1 466 500	13	7 951,66	3 791 400	4	2 378,85	1 638 000	22	18 514	6 895 900	372,46
1886—90	13	6 473,10	2 587 800	23	13 858,77	7 253 100	12	6 428,04	3 791 200	48	26 760	13 362 100	509,42
1891—94	3	3 060,95	1 328 000	7	6 748,92	2 208 900	6	3 940,52	1 981 200	16	13 750	5 518 100	401,31
Kaufpreise													
bis 1800	—	—	—	4	3 235,50	345 000	—	—	—	4	3 235	345 000	106,64
1801—10	1	2 013,75	651 000	—	—	—	—	—	—	1	2 014	651 000	323,23
1811—20	3	3 744,00	1 061 700	1	447,00	79 000	3	840,00	188 500	7	5 031	1 329 200	264,20
1821—30	5	2 724,26	342 200	—	—	—	—	—	—	5	2 724	342 200	125,65
1831—40	3	1 769,01	152 700	10	5 940,00	1 161 300	2	1 258,00	201 000	15	8 967	1 515 000	168,88
1841—50	8	8 089,65	1 748 000	6	4 881,60	1 507 800	11	6 289,00	1 868 800	25	19 260	5 124 600	266,07
1851—60	14	9 794,74	2 613 000	16	7 598,40	3 258 500	6	3 272,85	1 235 500	36	20 666	7 107 000	343,89
1861—70	33	18 571,28	7 958 100	26	17 418,95	7 427 700	30	17 874,77	8 891 400	89	53 865	24 277 200	450,70
1871—75	19	9 417,65	4 976 300	19	11 760,94	7 210 000	16	9 738,83	6 165 400	54	30 917	18 351 700	593,57
1876—80	10	4 872,45	2 669 500	15	10 614,68	6 038 600	10	5 066,23	2 663 000	35	20 553	11 371 100	553,25
1881—85	13	8 888,94	4 347 900	23	13 888,90	8 138 300	15	7 344,18	5 559 700	51	30 122	18 045 900	599,09
1886—90	5	2 428,09	1 308 600	13	6 187,05	3 392 000	12	7 500,27	5 718 200	30	16 115	10 418 800	646,52
1891—94	5	1 926,64	1 254 800	7	2 911,42	1 852 600	10	4 802,55	2 840 600	22	9 641	5 948 000	616,94
Landschaftstaxen													
1851—60	16	9 207,40	2 775 000	23	17 201,98	5 346 200	12	7 643,33	2 827 200	51	34 053	10 948 400	321,51
1861—70	48	26 827,58	10 519 800	55	36 442,59	12 821 500	41	23 662,80	8 986 200	144	86 933	32 327 500	371,86
1871—75	32	19 285,73	9 869 100	63	39 221,46	24 962 400	44	27 893,94	16 114 200	139	86 401	50 946 000	589,64
1876—80	18	12 310,47	4 877 400	20	14 998,78	8 351 400	19	11 187,02	6 570 800	57	38 496	19 799 600	514,32
1881—85	13	7 422,00	3 676 400	37	24 155,20	15 084 200	22	11 765,90	7 467 200	72	43 343	26 227 800	605,12
1886—90	8	4 919,04	3 051 200	10	8 242,30	4 802 200	13	7 718,84	5 450 600	31	20 880	13 304 000	637,16
1891—94	2	691,63	413 600	8	5 387,39	3 276 600	4	2 541,18	1 854 800	14	8 620	5 545 000	640,95
Grundsteuerreinertrag		49 31 771,66		201 355	56 35 858,69		329 774	43 23 444,58		226 189	148 91 078		757 318	8,03

In der Nachweisung der in Zwangsversteigerungsfällen erzielten Preise sind, um das geringere Material in grössere Gruppen zusammenzufassen, die Subhastationen nur für den Kleinbesitz (0—50 ha), für den Mittelbesitz (51—300 ha) und den Grossbesitz (über 300 ha), für die drei verschiedenen Bodenkategorieen und für die oben angegebenen Zeitabschnitte zusammengestellt worden. Da es von Interesse erschien, auch die Kaufpreise und Taxwerte *zwangsversteigerter* Güter zum Vergleich heranzuziehen, so sind zu diesen Subhastationspreisen nur die Werte *derselben* Güter in Kauf und landschaftlicher Taxe ausgezogen und in der gleichen Weise gruppiert worden. Daraus erklärt sich, dass die pro Hektar gewonnenen Zahlen bei Zwangsversteigerungen sich nicht völlig mit den aus den anderen Tabellen ermittelten decken. Auch bei der Betrachtung blos gleicher Güter ist es natürlich unmöglich, dass in einem Jahresabschnitt dieselben Güter nach Versteigerungs-, Kauf- und Taxwert zugleich erscheinen; es sind teilweis dieselben, teilweis andere. Man kann deshalb auch nicht mit Sicherheit sagen, in diesem Zeitraum betrug der Subhastationswert nur so und so viel Prozent vom Kauf- resp. Taxwerte; aber bei einer grösseren Anzahl von Gütern ordnen sich die heterogenen Fälle dennoch zu einer wenigstens annähernden Gleichartigkeit. Die Kaufpreise der einmal unter den Hammer gekommenen Güter sind dem ganzen Wirtschaftszustande derartiger Besitzungen entsprechend auch nicht normal zu nennen, da diese Güter häufiger als andere ihren Besitzer wechseln und im allgemeinen mehr vernachlässigt und heruntergewirtschaftet sind. Sie unterscheiden sich demnach erheblich von den aus dem *Gesamtmaterial* hervorgegangenen Kaufpreisen.

Dies vorausgeschickt, gipfeln die Ergebnisse der drei Tabellen (Seite 50—52) in folgenden Erscheinungen. Die in den Zwangsversteigerungen erlangten Meistgebote sind bedeutend niedriger als die Kaufpreise in dem nämlichen Zeitabschnitt. Der Grossbesitz erzielte in den Jahren von 1821—95 einen Durchschnittshektarpreis von 436 Mk. im Kauf, von 328 Mk. in der Subhastation; der Mittelbesitz von 1841—95 (früher sind die Zahlen nicht verlässlich) einen Preis von 524 Mk. im Kauf und 427 Mk. in der Subastation; der Kleinbesitz von 1871—95 einen Preis von 534 bezw. 440 Mk. Die Preisdifferenz beträgt also beim Grossbesitz 108 Mk., beim Mittelbesitz 97 Mk., beim Kleinbesitz 94 Mk. pro Hektar. Die geringsten Durchschnittsmeistgebote erzielt der Grossgrundbesitz (pro Hektar 1851—95: 399 Mk.), dann folgt der Kleingrundbesitz (pro Hektar 1861—95: 399 Mk.), allerdings mit dem gleichen Subhastationshektarpreis wie der Grossgrundbesitz in dem gleichen Zeitraum, jedoch in der neuen Zeit höher bewertet; den höchsten Zuschlagspreis erhält der Mittelbesitz (pro Hektar 1851—95: 451 Mk.). Die mittleren Güter sind eine gangbarere Ware; der Ersteher findet hier leichter einen Landwirt, der sich an dem heruntergekommenen Gut versucht und es ihm abnimmt, um vielleicht bei geringer Kapitalkraft und ungünstiger Zeit das Schicksal seines Vorgängers zu teilen.

Die Preisbewegungslinien der Subhastationsfälle sind sehr unregelmässig. Im allgemeinen ist auch hier eine aufsteigende Tendenz zu beobachten, aber mit grösseren Schwankungen als bei den Kaufpreisen. Einen inneren Zusammenhang für diese Schwankungen konstruieren zu wollen, erscheint aussichtslos, da wir es hier oft mit devastierten und ausgeraubten Gütern zu thun haben, welche auch bei sonst hoher Grundpreiskonjunktur zu äusserst geringen Preisen losgeschlagen werden. Wenn z. B. ein Gut im Oborniker Kreise von 352,4 *ha* Ende der 80er Jahre für 35100 Mk., also kaum 100 Mk. pro Hektar subhastiert wird, in einer Zeit, wo man für den Hektar bei Käufen im Durchschnitt 600 Mk. zahlen musste, so lässt sich denken, wie bei dieser Abnormität der Verhältnisse ein Vergleichen nur in ganz grossen Zügen geschehen kann. Die Subhastationspreise des Grossgrundbesitzes erheben sich seit den dreissiger Jahren bis 1875, dann tritt ein Sinken, besonders nach 1880 ein, darauf schnellen die Preise bis 1890 hinauf, um im letzten Jahrfünft zu sinken. Auch der Mittelbesitz hat dieselbe Steigerung bis 1875, sinkt dann, hält sich aber im weiteren Verlauf auf gleicher Höhe, um im letzten Jahrfünft etwas zu steigen. Die Subhastationspreise des Kleinbesitzes haben relativ die grösste Steigerung, jedoch dazwischen auch einen Preisfall in den Jahrfünften von 1876—80 bis 1881—85, wie die beiden anderen Besitzkategorieen. Vielfach liess sich bei Aufstellung der Zahlen beobachten, dass das nämliche Gut in der neuesten Zeit zu einem niedrigeren Preise versteigert und verkauft wurde als früher. Diese Fälle der Preiserniedrigung waren bei Subhastationen nur beim Grossbesitz so zahlreich, dass sich ein durchschnittliches Sinken für 1891—95 ergab, beim Klein- und Mittelbesitz überwogen die Fälle der Preissteigerung. Dagegen ist es bedeutsam, dass die zugehörigen *Kauf*preise im letzten Jahrzehnt sinken, und zwar die des Mittelbesitzes von 1885, die des Grossbesitzes von 1890 ab, während die des Kleinbesitzes noch im Steigen begriffen sind.

Das Verhältnis der Subhastations- zu den Taxwerten stellt sich, wie folgt (von 1851 an):

    a) beim Grossbesitz wie 399 zu 525 Mk. pro Hektar = 76 : 100
    b) beim Mittelbesitz „ 451 „ 527 „ „ „ = 85 : 100
    c) beim Kleinbesitz „ 466 „ 497 „ „ „ = 93 : 100 (seit 1871).

Diese Erscheinung steht in engstem Zusammenhang mit dem Verhältnis der Subhastations- zu den Kaufpreisen, das sich, wie oben bemerkt, in folgender Weise zusammstellt:

    a) beim Grossbesitz wie 328 zu 436 Mk. pro Hektar = 76 : 100 (1821—95)
    b) beim Mittelbesitz 427 „ 524 „ „ „ = 81 : 100 (1841—95)
    c) beim Kleinbesitz „ 430 „ 534 „ „ = 82 : 100 (1871—95).

Man sieht daraus, dass die Meistgebote beim Grossgrundbesitz weiter hinter den Kauf- und Taxwerten zurückbleiben, als die des Mittel- und Kleingrundbesitzes, und dass vor allem selbst der landschaftliche Taxwert im Durchschnitt nie erreicht wird.

Mit Bestimmtheit festzustellen, wie sehr die Subhastationen zugenommen haben, ist leider aus dem Material, welches uns vorliegt, nicht möglich. Wir sehen indes, dass im Rahmen der Landschaft beim Mittelbesitz in den

Jahren 1886—90 die meisten Güter (58) versteigert wurden; beim Grossgrundbesitz sehen wir in demselben Zeitraum 48 Zwangsversteigerungsfälle angegeben; auch gleichfalls die höchste Zahl. Der Menge der versteigerten Güter nach folgt alsdann der Zeitraum 1876 bis 80 bei Gross- (48 Güter) und Mittelbesitz (43 Güter). Auch beim Kleinbesitz sind in den bezeichneten Zeitabschnitten die meisten landschaftlich registrierten Zwangsversteigerungen zu finden, allerdings 1886—90 weniger als 1876—80. Diese Erscheinung stimmt mit der Beobachtung überein, dass die Zeiträume 1876—80 und 1886—90, wie nachgewiesen, auch diejenigen Epochen sind, in denen gegen den nächstfrüheren Zeitabschnitt beim Mittel- und Grossbesitz eine Kaufpreisverminderung eintritt. Man kann sich der Annahme nicht verschliessen, dass die im Laufe der letzten zwanzig Jahre eingetretenen niedrigen Marktkonjunkturen die Zahl der Subhastationen gegen die früheren Jahre erheblich gesteigert haben. Diese Annahme kann zwar durch die erst seit dem 1. April 1886 vorgenommene Subhastationsstatistik nur teilweise eine Bestätigung erfahren. Es geht aber aus ihr hervor, dass die zwangsversteigerte Fläche in der Provinz Posen im Durchschnitt der Jahre den grössten Anteil an der Gesamtfläche der zwangsversteigerten Güter im Königreich Preussen hat. Auch lässt sich neuerdings wieder eine Zunahme des subhastierten Areals nachweisen. Dieses betrug in Posen:

1886/87:	28 764 ha	mit	254 472 Mk.	Grundsteuerreinertrag
1887/88:	16 133 „	„	137 897	„
1888/89:	14 780 „	„	117 464	„
1889/90:	9 562 „	„	80 321	„
1890/91:	9 245 „		77 658	„
1891/92:	10 921 „		91 432	„
1892/93:	13 620 „	„	111 027	„
1893/94:	17 856 „		145 150	„
1894/95:	13 536 „		101 405	„

Im letzten Berichtjahre ist wiederum Posen an der subhastierten Fläche des Staats am stärksten beteiligt, beinah mit einem Viertel (Preussen: 60 287 ha).

Die Subhastationen erstrecken sich im Rahmen der Landschaft zum weitaus grössten Teil auf den Gross- und Mittelbesitz, und von diesen beiden Besitzkategorien mehr auf die mittleren Güter.[1]) Der kleine Bauer scheint bei seiner Bedürfnislosigkeit und einfachen Lebensführung die Ungunst der Verhältnisse leichter zu ertragen und sitzt auch meistens auf der väterlichen Scholle. Der mittlere Gutsbesitzer dagegen ist bei der steigenden Preiskonjunktur des Bodens genötigt worden, einen oft zu hohen Preis zu zahlen, häufig ist er nicht sehr bemittelt; er leistet geringe Anzahlung, der Rest des Kaufgeldes wird hypothekarisch eingetragen. Vielfach behält er zu wenig Betriebskapital in den Händen, das grösste Erfordernis in der Provinz Posen, wo der Boden ohne Meliorationen fast gleich Null ist. Hat

---

[1]) Zu bemerken ist, dass der ganz kleine Besitz etwa bis zu 10 ha, der bekanntlich vielfach der Zwangsversteigerung unterliegt, hier nicht mit zur Beobachtung herangezogen werden konnte.

er eine hohe Zinsensumme aufzubringen, und sind ihm durch mangelndes Betriebskapital die Hände gebunden, dass er seinen Acker, seine Gebäude und sein Inventar nicht derartig verbessern kann, um höhere Ernten zu erzielen, so ist er nicht imstande, niedrige Getreide- oder Viehpreise, auftretende Viehseuchen oder Brandschäden auszuhalten; er hat eben nichts zuzusetzen; er verkauft sein Vieh, um Zahlungen zu leisten, er bearbeitet seinen Acker schlechter; er nimmt seine Zuflucht zu wucherischem Kredit, die Gläubiger drängen, schliesslich stellt er seine Zahlungen ein und die Zwangsversteigerung wird beantragt. Dies ist gemeinhin der Verlauf der Dinge, wie er sich mit gewissen Variationen aus den Akten der Landschaft immer wieder ersehen lässt.

7. Die landschaftlichen Taxen.
(Siehe Tabelle XII. XIII, Seite 57—59.)

Im Vergleich mit den thatsächlich gezahlten Kaufpreisen bieten uns auch die Taxen, welche die neue Posener Landschaft zwecks Beleihung der Güter und Grundstücke ausführen liess, einen wertvollen Nachweis der Entwicklung des Grundbesitzes der Provinz. Hatte die neue Landschaft im Gegensatz zu den Taxgrundsätzen des alten Instituts schon entsprechend dem gestiegenen Kulturwert des Bodens bei ihrer Gründung neue erweiterte Prinzipien aufstellen müssen, nach welchen die Abschätzung vollzogen wurde, so sah sie sich in ihrer revidierten Taxordnung vom 15. Mai 1871 genötigt, den Verhältnissen noch weiter Rechnung zu tragen und höher zu taxieren. Vor 1870 erheben sich deshalb auch die Taxen nicht weit über 350 Mk. pro Hektar, während sie im ersten Jahrfünft nach 1870, beeinflusst durch die neue Taxordnung, schon um 200 Mk. höher pro Hektar, also auf ca. 550 Mk. stehen, d. h. abgesehen vom Kleinbesitz unter 50 ha, der immer etwas niedriger geschätzt wird. Bei den Taxen ist es weiter charakteristisch, dass das Jahrfünft von 1876—80 bei allen Besitzkategorieen einen Rückschlag aufweist, ganz ähnlich wie es für den Mittel- und Kleinbesitz auch bei den Kaufpreisen und zum Teil bei den Erbfallpreisen zu konstatieren war. Das Jahrfünft von 1881—85 zeigt bei den Taxen dieselbe Hausse wie die Kauf- und Erbfallpreise, während die letzten beiden Jahrfünfte von 1886—1895 unter dem Zeichen des Rückganges der landschaftlichen Schätzungswerte stehen, ebenso wie — immer bei Mittel- und Grossbesitz — die Kauf- und Erbfallbewertungen. Wir sehen also, dass im grossen Durchschnitt die Taxen neuerdings mit dem Sinken der Bodenpreise etwas abwärts gegangen sind. Der Kleinbesitz wird in der Taxierung etwas niedriger bedacht, da der Kulturzustand der Bauerngüter in der Provinz notorisch nicht derartig ist, dass er höher beliehen werden kann, und da die mangelnde Sicherheit der kleineren Landleute die Landschaft zur Vorsicht veranlasst. Auch lassen die Bauern vielfach der Zeitersparnis und der geringeren Kosten wegen nach dem Grundsteuerreinertrag taxieren, eine Schätzung, welche nicht so eingehend vorgenommen wird und deshalb

(Fortsetzung Seite 60.)

Tabelle XII.

Zeit-raum	Kaufpreise pro ha in Mk.			Erbfallpreise pro ha in Mk.			Subhastations-preise pro ha in Mk.			Landschaftstaxen pro ha in Mk.		
	Klein-besitz	Mittel-besitz	Gross-besitz	Klein-besitz	Mittel-besitz	Gross-besitz	Klein-besitz	Mittel-besitz	Gross-besitz	Klein-besitz	Mittel-besitz	Gross-besitz
bis 1800	—	207	159	—	—	84	—	—	—	—	—	—
1801—10	—	—	269	—	—	165	—	—	218	—	—	—
1811—20	—	232	266	—	204	—	—	—	125	—	—	—
1821—30	113	210	133	—	124	186	—	88	147	—	—	—
1831—40	149	132	164	100	138	199	—	—	115	—	—	—
1841—50	195	243	274	152	180	254	—	208	186	—	—	—
1851—60	301	363	340	220	237	276	150	339	289	507?	324	312
1861—70	412	516	459	303	402	380	338	437	367	437	366	350
1871—75	493	630	586	393	500	484	403	475	482	460	557	531
1876—80	546	631	570	450	516	466	436	515	416	446	529	499
1881—85	603	707	644	516	629	515	549	486	362	461	554	572
1886—90	660	699	597	586	580	511	556	505	507	453	537	558
1891—94	732	654	537	640	546	490	525	577	420	454	505	533

Zeit-raum	Auf 100 Mark des Kaufpreises kommen									Der mittlere Grundsteuerrein-ertrag ist im Kaufpreise ent-halten mal:		
	Mark bei Erbfallpreisen			Mark bei Sub-hastationspreisen			Mark landsch. Taxwert					
	Klein-besitz	Mittel-besitz	Gross-besitz	Klein-besitz	Mittel-besitz	Gross-besitz	Klein-besitz	Mittel-besitz	Gross-besitz	Klein-besitz	Mittel-besitz	Gross-besitz
bis 1800	—	—	52,8	—	—	—	—	—	—	—	24,6	18,9
1801—10	—	—	61,3	—	—	82,1	—	—	—	—	—	32,0
1811—20	—	87,9	—	—	—	46,9	—	—	—	—	27,6	31,6
1821—30	—	59,0	139,8	—	41,9	110,5	—	—	—	13,4	25,0	15,8
1831—40	67,1	104,4	120,7	—	—	70,1	—	—	—	17,7	15,7	19,5
1841—50	77,9	74,0	92,7	—	85,5	67,8	—	—	—	23,2	28,8	32,6
1851—60	73,1	65,2	81,1	50,0	93,3	85,0	?	89,2	91,7	35,8	43,2	50,4
1861—70	73,5	77,9	82,7	82,0	84,6	79,9	106,0	70,9	76,2	49,0	61,4	54,6
1871—75	79,7	79,3	82,5	81,7	75,3	82,2	93,3	88,4	90,6	58,6	75,0	63,7
1876—80	82,4	81,7	81,7	79,9	81,6	72,9	81,6	83,8	87,5	65,0	75,1	67,8
1881—85	85,5	88,9	79,8	91,0	68,7	56,2	76,4	78,3	88,8	71,7	84,1	76,6
1886—90	88,7	82,9	85,5	84,2	72,2	84,9	68,6	76,8	93,5	78,5	83,2	71,0
1891—94	87,4	83,4	90,5	71,7	88,2	78,2	62,0	77,2	99,2	87,1	77,8	63,9

— 58 —

Tabelle XIII. Die landschaftlichen Taxwerte.

Grössenklasse Zeit	Leichter Boden			Mittlerer Boden			Schwerer Boden			Überhaupt			Taxwert in Mk. pro Hektar			
	Zahl	Areal ha	Taxe Mk.	Zahl	Areal ha	Taxe Mk.	Zahl	Areal ha	Taxe Mk.	Zahl	Areal ha	Taxe Mk.	Leichter Boden	Mittlerer Boden	Schwerer Boden	Überhaupt
0—30 ha																
1851—60	2	38,58	13 000	1	20,00	19 200	—	—	—	3	58,58	32 200	336,96	960,00	—	549,68
1861—70	—	—	—	—	—	—	—	—	—	—	—	—	—	—	—	—
1871—75	—	—	—	1	25,74	10 400	—	—	—	1	25,74	10 400	—	404,04	—	404,04
1876—80	82	1 730,85	776 600	136	2 653,73	1 212 100	148	2 837,60	1 296 600	366	7 942,18	3 285 300	443,56	456,75	456,93	453,63
1881—85	283	5 877,64	2 666 900	445	8 906,70	4 095 600	374	6 951,28	3 408 000	1102	21 735,62	10 170 500	453,74	459,83	490,27	467,92
1886—90	231	4 712,14	2 024 800	372	7 149,96	3 306 800	335	5 923,16	2 834 400	938	17 785,26	8 166 000	429,70	462,35	478,53	459,15
1891—94	82	1 590,21	665 800	159	3 132,40	1 460 200	123	2 153,42	1 034 200	364	6 876,03	3 150 200	418,75	462,97	480,26	458,14
30—50 ha																
1851—60	—	—	—	2	81,03	30 360	3	137,09	48 000	5	218,12	78 360	—	374,68	350,14	359,25
1861—70	5	226,43	109 300	4	182,63	70 800	4	183,89	79 200	13	592,95	259 300	482,71	387,67	430,69	437,35
1871—75	6	252,59	115 600	7	306,26	144 600	4	167,06	75 000	17	725,91	335 200	457,66	472,15	448,94	461,76
1876—80	46	1 798,65	797 000	91	3 517,95	1 530 400	40	1 491,38	658 400	177	6 807,98	2 985 800	443,11	435,03	441,47	438,57
1881—85	95	3 520,61	1 488 800	159	6 066,70	2 767 000	110	4 183,46	1 971 000	364	13 770,77	6 226 800	422,88	456,10	471,10	452,10
1886—90	88	3 818,49	1 292 400	143	5 354,36	2 459 000	68	2 525,95	1 214 400	299	11 198,80	4 965 800	389,45	459,25	480,77	443,42
1891—94	26	1 020,38	418 200	85	3 242,04	1 471 800	41	1 546,75	720 200	152	5 809,17	2 610 200	409,86	453,97	465,62	449,32
50—100 ha																
1851—60	10	745,07	238 200	24	1 766,73	497 970	10	773,67	222 300	44	3 285,47	958 470	319,70	281,86	261,48	291,73
1861—70	15	1 080,43	374 700	38	2 751,25	915 000	20	1 437,40	511 020	73	5 269,08	1 800 720	346,81	332,58	355,52	341,75
1871—75	23	1 657,17	748 000	42	3 172,67	1 492 200	26	1 870,96	984 000	91	6 700,80	3 224 800	451,37	470,33	526,25	481,23
1876—80	45	3 515,51	1 438 500	89	6 315,36	3 021 600	39	2 732,84	1 534 200	173	12 563,71	5 994 300	409,19	478,45	561,39	477,11
1881—85	75	5 154,28	2 046 400	81	5 742,96	2 827 900	44	3 346,69	1 601 200	200	14 243,93	6 475 500	397,03	492,41	481,43	454,61
1886—90	45	2 975,23	1 207 200	67	4 515,72	2 110 000	37	2 414,36	1 285 800	149	9 905,31	4 603 000	405,75	467,26	532,56	464,70
1891—94	26	1 713,43	685 600	29	2 060,18	1 078 600	12	806,73	391 800	67	4 580,34	2 156 000	400,13	523,55	485,66	470,71
100—200 ha																
1851—60	9	1 407,87	516 900	32	4 421,47	1 926 300	9	1 229,38	444 300	50	7 058,72	2 987 500	367,15	299,97	361,40	324,07
1861—70	22	3 290,47	1 134 200	45	6 547,21	2 398 800	25	3 456,95	1 216 800	92	13 293,63	4 749 800	344,70	366,38	352,09	357,30
1871—75	34	5 059,18	2 743 400	53	7 273,27	3 880 000	30	4 469,42	2 514 000	117	16 801,87	9 137 400	542,26	533,46	562,49	543,83
1876—80	24	3 556,30	1 848 800	46	6 299,20	3 405 000	27	3 891,38	2 345 700	97	13 746,88	7 599 500	519,87	540,54	602,79	552,82

1881—85	32	4 382,30	2 195 200	55	7 534,17	4 546 200	25	3 223,90	1 879 800	112	15 139,87	8 621 200	500,90	603,41	563,21	569,44
1886—90	23	3 213,39	1 428 000	40	5 234,67	2 876 400	23	3 092,03	1 834 000	86	11 540,09	6 138 400	444,39	549,49	593,14	531,05
1891—94	5	606,39	273 400	11	1 621,10	881 400	12	1 607,75	883 000	28	3 835,24	2 037 800	430,87	543,70	549,21	531,34
—300 ha																
1851—60	8	1 835,70	603 300	19	4 855,52	1 697 700	6	1 552,05	477 900	33	8 243,27	2 778 900	328,65	349,64	307,91	337,11
1861—70	31	7 652,71	2 805 000	39	9 886,03	3 720 300	37	8 924,51	3 418 200	107	26 463,85	9 943 500	366,54	376,30	383,01	375,74
1871—75	40	10 026,60	5 274 700	61	14 990,30	8 725 300	44	10 845,35	6 717 200	145	35 862,25	20 717 200	526,07	582,06	619,36	577,69
1876—80	17	4 350,34	2 162 400	19	4 927,54	2 788 400	27	6 371,24	3 660 400	63	15 689,12	8 611 200	492,54	565,88	574,52	548,86
1881—85	25	6 003,55	3 482 400	25	6 284,08	4 159 900	13	3 248,09	2 147 600	63	15 535,72	9 789 900	580,06	661,97	661,19	630,15
1886—90	11	2 721,94	1 439 600	20	5 014,73	3 147 000	21	5 180,12	3 112 000	52	12 916,79	7 698 600	528,89	627,55	600,76	596,01
1891—94	11	2 813,31	1 261 600	7	1 774,79	1 077 400	2	415,57	242 000	20	5 003,67	2 581 000	448,44	607,06	582,33	515,82
300—500 ha																
1851—60	15	5 685,97	1 572 900	22	8 536,96	2 906 664	19	7 945,91	2 517 000	56	22 168,84	6 996 564	276,63	340,48	316,77	315,60
1861—70	59	22 864,14	8 198 100	67	26 124,00	10 416 200	65	26 274,10	10 693 573	191	75 262,54	29 637 873	371,67	399,87	407,00	393,79
1871—75	50	19 702,14	11 069 100	92	36 530,95	22 349 800	78	31 688,99	19 483 200	220	87 922,08	52 902 400	561,84	611,80	614,82	601,70
1876—80	29	10 925,95	5 943 700	50	19 377,25	11 927 400	44	17 239,14	11 242 800	123	47 542,34	29 113 900	544,00	615,54	652,17	612,38
1881—85	27	10 553,87	6 153 200	50	19 558,14	12 283 000	30	12 057,26	7 939 400	107	42 169,27	26 365 600	611,45	623,93	658,47	630,69
1886—90	27	10 514,11	6 424 800	24	9 325,32	6 062 800	35	13 744,65	9 092 400	86	33 584,08	21 580 000	611,06	650,14	661,52	612,57
1891—94	15	6 472,25	3 810 400	13	5 734,99	3 894 800	5	1 992,71	1 228 700	33	14 199,95	8 963 900	583,36	679,13	616,60	631,26
500—1000 ha																
1851—60	14	9 987,98	2 773 800	35	25 730,59	8 740 800	12	8 186,39	2 723 800	61	43 904,96	14 288 400	277,71	339,70	338,83	325,44
1861—70	81	53 876,59	18 309 700	91	60 960,47	22 407 800	83	58 094,01	22 610 546	255	172 931,07	63 328 046	339,85	367,58	389,21	366,15
1871—75	74	48 571,81	25 559 800	105	73 884,75	43 139 100	94	65 074,33	39 455 600	273	187 530,87	108 154 800	526,23	583,87	606,32	576,73
1876—80	29	20 204,27	9 411 800	50	37 411,78	21 209 200	53	37 067,24	12 224 000	132	94 683,29	52 845 000	465,83	566,91	599,56	558,12
1881—85	23	15 629,79	8 314 400	49	32 243,75	20 517 200	35	23 593,94	14 681 600	107	71 467,48	43 513 200	531,96	636,32	622,26	608,85
1886—90	20	13 138,96	7 120 200	39	27 283,92	16 541 700	42	29 501,23	18 871 200	101	69 924,11	42 533 100	541,91	606,28	639,67	608,28
1891—94	2	1 363,89	888 600	23	16 664,71	9 785 000	18	12 626,73	8 503 600	53	30 655,33	19 177 200	568,20	587,17	673,45	621,52
über 1000 ha																
1851—60	4	5 808,55	1 446 600	19	32 697,95	9 442 800	7	17 503,00	5 079 600	30	56 009,50	16 869 000	249,05	288,79	341,63	301,18
1861—70	35	63 366,21	17 996 700	57	98 815,03	31 065 400	39	59 252,80	22 123 800	134	221 434,04	71 425 900	284,01	313,77	378,44	322,56
1871—75	32	60 331,97	26 677 290	55	101 119,83	45 010 300	38	62 491,75	33 221 400	125	223 942,75	104 908 800	442,17	445,12	531,61	468,46
1876—80	24	43 783,27	14 658 800	27	49 456,44	20 813 400	14	20 768,58	10 420 600	65	114 008,29	45 887 800	334,69	420,84	501,75	402,50
1881—85	15	25 681,72	11 502 800	36	44 113,20	24 064 000	22	29 577,79	16 123 600	63	99 375,71	51 691 000	448,24	504,55	545,12	520,16
1886—90	19	34 528,80	16 075 200	25	44 278,71	20 820 600	22	30 567,08	21 104 800	66	109 374,59	58 000 600	465,57	543,92	577,15	530,29
1891—94	7	12 130,71	3 933 600	7	19 576,26	8 273 600	5	6 546,26	4 080 000	19	38 253,26	16 287 200	324,27	422,03	623,26	425,77

auch nicht so hoch ausfällt. Von 1871—95 wurde das Hektar beim Kleinbesitz mit durchschnittlich 454 Mk., beim Mittelbesitz mit 536 Mk., beim Grossbesitz mit 538 Mk., also der Kleinbesitz um 82—84 Mk. oder 18—20 % niedriger als Mittel- und Grossbesitz taxiert. Verglichen mit den Kaufpreisen stellten sich die Taxen beim Kleinbesitz auf 76%, beim Mittelbesitz auf 80%, beim Grossbesitz auf 91% in dem Zeitraum von 1871—95. Hiernach wurde der Grossbesitz am höchsten landschaftlich bewertet.

Kapitel III.
Die Hauptursachen für die Preisentwicklung des Grund und Bodens.

Wollen wir den Gründen der Preissteigerung des Grund und Bodens in der Provinz Posen nachgehen, so ist der erste dieser Gründe die Einverleibung Posens in den preussischen Staat, das dadurch erfolgte Eindringen deutschen Kapitales und deutscher Arbeit und der damit verbundene Übergang in geordnete Rechtsverhältnisse.

Im Jahre 1772 kam bekanntlich bei der ersten Teilung Polens der Netzedistrikt, bestehend aus Teilen der Wojewodschaften Gnesen, Posen und Inowrazlaw an Preussen; er wurde mit den 1793 bei der zweiten Teilung Polens erworbenen anderen Landesteilen des ehemaligen Königreiches Polen zu der Provinz Südpreussen vereinigt. Der Tilsiter Friede 1807 zwang Preussen zur Abtretung des grössten Teiles des Netzedistrikts, von Posen und Südpreussen an das Herzogtum Warschau; im Wiener Frieden, am 3. Mai 1815 kam das Gebiet in der Ausdehnung der jetzigen Provinz Posen unter dem Namen des Grossherzogtums Posen an Preussen zurück.

In polnischer Zeit war, besonders zu Zeiten der Adelsrepublik, die Lage der lassitischen Bauern eine sehr gedrückte.[1]) Der Gutsherr hatte die ländliche Gerichtsbarkeit, er ordnete die Höhe der Dienstleistungen und Abgaben an und verfügte über das Vermögen seiner Untergebenen. Allerdings zwar gab es schon in älteren Zeiten Bauern, die mit gewissen Vorrechten angesiedelt waren und ihre Grundstücke zu eigen oder als Erbpacht besassen. Im Netzedistrikt waren Kolonieen von sogenannten emphyteutischen Bauern, die ihre Wirtschaft auf beschränkte Zeit, meist aber auf 50 Jahre oder auf eine Reihe von Generationen nutzen konnte, angesiedelt. In der Klasse dieser freien Bauern, Hauländer und Kolonisten herrschte das Deutschtum ganz besonders vor. Deutsche Siedelungen lassen sich bis weit in das Mittelalter hinein verfolgen, in neuerer Zeit waren, namentlich unter Friedrich dem Grossen, Bauernhöfe längs der Warthe und im Netzedistrikt neu gegründet worden. Erst nach 1815 begann der Zuzug landwirtschaftlicher Intelligenz aus dem übrigen Deutschland, und unter der segensreichen Wirkung der nunmehr erfolgenden Landeskulturgesetzgebung entwickelte sich die Hebung des Grundbesitzes und damit die Steigerung seines Wertes.

---

[1]) KLEBS, a. a. O., pag. 32 ff.

Die schöpferische Gesetzgebung Steins und Hardenbergs in ihren Edikten vom 9. Oktober 1807 über „den erleichterten Besitz und den freien Gebrauch des Grundeigentums, sowie über die persönlichen Verhältnisse der Landbewohner" und vom 14. September 1811 „zur Beförderung der Landeskultur und zur Regulierung der gutsherrlichen und bäuerlichen Verhältnisse" schuf allmählich geordnete wirtschaftliche Zustände. Für das Grossherzogtum Posen traten diese Gesetze mit Einführung des Allgemeinen Landrechts am 1. März 1817, das Gesetz wegen Regulierung der gutsherrlichen und bäuerlichen Verhältnisse am 8. April 1823 in Kraft. Weiter folgte das Gesetz vom 2. März 1850 betreffend die Ablösung der Reallasten etc.

Die Ablösung der Servituten und Lasten, die Aufhebung der Beschränkung der Eigentumsfreiheit, die Abschaffung der Unterthänigkeit und die Wiederherstellung des vollen Grundeigentums gewährte dem Kleinbesitz unbeschränktes Verfügungsrecht über sein Land; der Bauer kam nun zum Bewusstsein seines Eigentums, welches aus vielen auseinanderliegenden Stücken zusammengelegt und für eine zweckmässigere Wirtschaftsweise besser arrondiert wurde, er war der Herrschaft nicht mehr zu Diensten verpflichtet, die ihn an der rechtzeitigen Bestellung seines Ackers behinderten. Der Grossgrundbesitz war wiederum von lästigen Nutzungs- und anderen Gerechtsamen der Bauern an seinem Eigentum befreit und verschaffte sich geeignetere, leistungsfähigere Arbeitskräfte anstelle der erzwungenen Leistungen seiner zinspflichtigen Bauern.

Aus dieser durchgreifenden Reform der rechtlichen Verhältnisse des Landbesitzes lässt sich erklären, wie nun ein freierer Verkehr im Gütermarkt und eine grössere Nachfrage um Länderwerb sich herausbildete, Umstände, die auf eine höhere Steigerung der Grundpreise einwirkten. Die Besitzer waren jetzt durch die Folgerungen der Separation und der Aufhebung der Hand- und Spanndienste auf eigene Füsse gestellt, mussten aber in dem Wettbewerb mit der jetzt aufblühenden Industrie und dem sich immer weiter ausdehnenden Handel sich die Fortschritte der Technik für ihr Gewerbe nutzbar machen, wollten sie nicht zurückbleiben oder unterliegen. Die Vorteile der Gemeinheitsteilung beruhten auf verbesserter Schlageinteilung und Fruchtfolge, auf zweckmässigerer Arrondierung und Bodennutzung, auf der Möglichkeit rationellerer Bewirtschaftung und höherer Produktion. Man kann sagen, dass erst von dieser Zeit der Separation ab der Wert der Güter erkannt wurde, dass jetzt die Besitzer mehr zur Selbstbewirtschaftung übergingen und eine regelrechte Schlagwirtschaft mit ausgedehntem Futter- und Hackfruchtbau einführten. Die Hebung der Landwirtschaft und die höhere Bewertung des Grund und Bodens bis um Mitte des Jahrhunderts ist daher zumeist eine Folge dieses Auseinandersetzungsprozesses zwischen bäuerlichen und herrschaftlichen Verhältnissen; allerdings ist dieser landwirtschaftliche Fortschritt in der Provinz Posen mehr bei dem mittleren und Grossgrundbesitz zu finden.

Hand in Hand mit der agrarpolitischen Gesetzgebung trug die Regelung der *Creditverhältnisse* ungemein zur Befestigung und Hebung des Grundwerts bei. Die unglücklichen Kriegsjahre 1806 und 1807, die Verheerungen der französischen Invasion 1812 lasteten schwer auf dem landwirtschaftlichen Besitz. Zwar kam nach 1815, als der Friede geschlossen war, ein Zeitraum des Aufblühens der Landwirtschaft, weil nach dem Gesetz von 1807 der Erwerb von Grund und Boden freigegeben war, und das Kapital der Industrie und des Handels dem Grundbesitz zufloss. Infolge hoher Getreidepreise stieg auch damals der Reinertrag des Grund und Bodens, infolgedessen auch die Güterpreise, wie es aus den Tabellen für 1810—20 hervorgeht. Besonders veranlassten die hohen Getreidepreise 1816 und 1817, dass man im Vertrauen auf eine bleibende hohe Rente aus Grund und Boden sich mehr und mehr der Landwirtschaft zuwandte und den Grund und Boden über seinen Wert bezahlte. Hierin trat jedoch mit der Krisis der 20er Jahre ein Rückschlag ein, der die Landwirte in äusserste Kreditnot brachte.

Infolge des stockenden Exportes und sehr reicher Ernten im Anfang der 20er Jahre fielen die Getreidepreise erschreckend schnell, und auch die Viehpreise wurden um ein bedeutendes herabgedrückt. Die Güterpreise gingen demgemäss erheblich herunter, und es entwickelte sich, namentlich bei den grösseren Grundbesitzern, ein Mangel an Kapital und an Kredit, der zu vielfachen Subhastationen führte.

Hier war es der Staat, der durch Bewilligung von Kapitalsindulten und Pachterlassen Erleichterung zu gewähren suchte, besonders aber wirkten in Orten der Monarchie die landschaftlichen Kreditvereine darauf hin, den gesunkenen Kredit der Landwirtschaft zu bessern.

So wurde in Posen in den Jahren 1820/21 eine landschaftliche Kreditordnung nach dem Muster der früher gegründeten Landschaften entworfen, welche aber nur die Abwälzung und Tilgung der bestehenden Schulden zum Zweck hatte. Dieser Kreditverein von Besitzern adliger Güter im Grossherzogtum Posen wurde am 15. Dezember 1821 (G.-S. S. 217) gegründet und seitens des Staates mit einem Vorschuss von 200000 Thalern unterstützt. Es wurden $4^0/_0$ige Pfandbriefe ausgegeben, welche die Schuldner mit $5^1/_4^0/_0$ verzinsen mussten; $1^0/_0$ wurde auf Amortisation und $1/_4^0/_0$ auf Verwaltungskosten gerechnet. Nach Ablauf von 5 Jahren wurden neue Schuldner in dies System nicht mehr aufgenommen; die bereits zur Landschaft zugehörigen Mitglieder durften jedoch Darlehen bis zur Hälfte des Taxwertes der beliehenen Güter aufnehmen.

Durch Allerhöchste Verordnung vom 15. April 1824 wurde dieses mit dem Jahre 1826 abschliessende Kreditsystem noch um 5 Jahre erweitert. Dies neuere System gab $3^1/_4^0/_0$ige vom Inhaber unkündbare Pfandbriefe aus, welche der Schuldner mit $5^0/_0$ verzinste.

Da dies alte Institut nur den ritterschaftlichen Besitz bepfandbriefte, das Kreditbedürfnis sich aber in immer weiteren Kreisen mittlerer und kleiner Landwirte geltend machte, so wurde von dem Posener Provinziallandtage 1845 ein Antrag auf die Ausdehnung der Beleihung über die adligen Güter hinaus auch auf andere Land- und grössere Bauerngüter gestellt. Als Ergebnis dieses Antrages wurde durch Allerhöchsten Erlass vom 13. Mai 1857 der neue landschaftliche Kreditverein für die Provinz Posen ins Leben gerufen.

Es durften nach den Satzungen desselben Güter, gleichviel ob Rittergüter, Landgüter oder Grundstücke beliehen werden, wenn sie nur als volles Eigentum besessen wurden. Der Wert des Gutes musste nach landschaftlichen Taxgrundsätzen mindestens 5000 Thaler betragen, danach konnte das Gut mit Pfandbriefen, die für den Inhaber unkündbar waren, bis zur Hälfte beliehen werden. Die $4^0/_0$ gen Pfandbriefe mussten von den Schuldnern mit $5^0/_0$ verzinst werden; das überschiessende Prozent gelangte zur Hälfte zur Bestreitung der Verwaltung, zur Hälfte zur Anlage eines Reservefonds. Letzterer sollte auf $10^0/_0$ der Gesamtsumme der ausgegebenen Pfandbriefe anwachsen und aus dem erwähnten halben Prozent, sowie ausserdem aus seinen eigenen Bestandszinsen und etwaigen Überschüssen bei der Verwaltung gebildet werden, jedoch nur so lange, bis er die Höhe von $5^0/_0$ des Gesamtdarlehns erreicht hat. Steigt der Reservefonds höher, so wird das halbe Prozent von den Zinsen zur Amortisation der Kreditscheine verwendet. Dieser Amortisation fliessen alsdann alle Überschüsse zu, wenn der Reservefonds $10^0/_0$ des Darlehn erreicht hat.

Dem ersten System der sogenannten Hauptgesellschaft, zu der ein Beitritt nur innerhalb 10 Jahren nach Veröffentlichung des Statuts gestattet war, schloss sich das erste $4^0/_0$ ige System der Jahresgesellschaften, nach dem Allerhöchsten Erlass vom 5. November 1866 an. Auch hier wurden die Pfandbriefe mit $5^0/_0$ verzinst, jedoch wurde die Hälfte des 5. Prozents zum Amortisationsfonds und nicht zum Reservefond, der durch achtjährigen Beitrag von $1/_2^0/_0$ des Darlehns geschaffen wurde, die andere Hälfte zu den Verwaltungskosten verwendet.

Diese Darlehn wurden nach Massgabe einer besonderen, für diesen Zweck erlassenen und 1871 revidierten Taxordnung gewährt. Zugleich trat ein Fortschritt insofern ein, als auch Grundstücke *unter 15000 Mk.* Taxwert beliehen werden konnten, allerdings auf Grund besonderer Bestimmungen, wie des Mobiliar- und Hagelversicherungszwanges, der Nichtanrechnung von Stroh- und Lehmgebäuden bei der Taxe und strengerer Vorschriften hinsichtlich der Zinsenzahlung. Im Jahre 1879 wurde der Minimalwert der beleihungsfähigen Güter auf *6000 Mk.*[1] und schliesslich im Jahre 1883 auf *4000 Mk.*[2] herabgesetzt, gewiss eine landschaftlich sehr niedrige untere Grenze. Durch diese Herabsetzung der Beleihungsgrenze, sowie die sehr niedrigen Taxgebühren von 2.50 Mk. pro Hektar wurde auch den kleinen spannfähigen Wirten ein Kredit eröffnet, der im Interesse der Erhaltung des Bauernstandes von segensreichen Folgen gewesen ist. Aus der Tabelle XIV (S. 61) ist ersichtlich, wie sich die landschaftliche Verschuldung seit 1861 von Jahr zu Jahr erweitert hat.

---

[1] Verwaltungs-Bericht 1878, pag. 29. 3. Nachtrag zu dem Regulativ vom 5. November 1866, § 1.

[2] Verwaltungs-Bericht 1883, pag. 22. 48, 4. Nachtrag zu dem Regulativ vom 5. November 1866, § 1.

Tabelle XIV.

Das Wachsen der Beleihung der im Bereich der neuen Posener Landschaft bepfandbrieften Güter.

Jahr	Der beliehenen Güter (insgesamt)		Beleihung		Der mit einem Taxwert unter 15 000 Mark beliehenen kleinen Güter				Von hundert Stück | ha | Mark der Gesamt-		
	Zahl	Fläche ha	Gesamt-darlehns-summe Mk.	pro Hektar Mk.	Zahl	Fläche ha	Darlehns-summe Mk.	Belei-hung pro Hektar Mk.	Zahl | Fläche | Belei-hung kommen auf Güter unter 1500 Mk. Taxwert		
									Stck.	ha	Mk.
1861	344	133 339	20 169 870	151,2	—	—	—	—	—	—	—
1862	469	201 299	31 200 780	154,9	—	—	—	—	—	—	—
1863	582	270 621	41 776 686	154,3	—	—	—	—	—	—	—
1864	627	293 740	45 381 630	154,4	—	—	—	—	—	—	—
1865	694	343 598	51 449 430	149,7	—	—	—	—	—	—	—
1866	753	384 395	58 472 430	152,1	—	—	—	—	—	—	—
1867	892	461 278	72 444 930	157,0	—	—	—	—	—	—	—
1868	1 083	557 142	87 340 230	156,7	—	—	—	—	—	—	—
1869	1 199	628 243	97 989 630	155,9	—	—	—	—	—	—	—
1870	1 176	626 231	103 063 830	164,5	—	—	—	—	—	—	—
1871	1 206	654 333	111 753 180	170,7	—	—	—	—	—	—	—
1872	1 278	699 099	139 936 470	200,1	—	—	—	—	—	—	—
1873	1 347	737 310	155 246 520	210,0	—	—	—	—	—	—	—
1874	1 403	765 773	167 017 920	219,4	—	—	—	—	—	—	—
1875	1 468	795 240	176 605 020	222,0	—	—	—	—	—	—	—
1876	1 524	816 595	184 562 220	226,0	—	—	—	—	—	—	—
1877	1 579	833 119	191 495 520	229,8	—	—	—	—	—	—	—
1878	1 648	869 973	200 898 720	230,9	—	—	—	—	—	—	—
1879	1 729	882 374	213 268 070	241,6	29	801	156 500	195,2	1,6	0,09	0,07
1880	2 156	894 528	223 854 560	250,2	348	8 337	1 624 300	194,8	16,1	0,9	0,7
1881	2 682	952 228	230 963 200	242,5	666	15 685	3 113 000	198,5	24,4	1,6	1,3
1882	3 110	976 098	244 012 220	249,9	990	23 014	4 608 600	200,2	31,8	2,3	1,8
1883	3 448	1 002 779	248 324 480	247,6	1 221	28 449	5 696 400	200,2	35,0	2,8	2,2
1884	3 859	1 017 829	253 318 330	248,8	1 482	34 269	6 933 100	202,3	38,4	3,3	2,7
1885	4 236	1 040 579	263 995 850	253,7	1 758	39 604	8 132 300	205,3	41,5	3,8	3,0
1886	4 558	1 056 819	270 723 670	256,1	1 995	44 704	9 156 700	204,8	43,7	4,2	3,3
1887	4 882	1 049 173	268 999 940	256,4	2 262	50 626	10 401 700	205,4	46,3	4,8	3,8
1888	5 233	1 094 652	282 598 740	258,1	2 453	54 433	11 245 500	206,5	46,8	4,9	3,9
1889	5 518	1 085 991	278 875 440	256,7	2 679	59 433	12 185 900	205,0	48,5	5,4	4,3
1890	5 746	1 073 743	276 351 610	257,3	2 794	62 911	12 921 100	205,3	48,5	5,8	4,6
1891	5 797	1 071 073	274 867 410	256,6	2 950	65 017	13 339 100	205,1	50,8	6,0	4,8
1892	5 989	1 079 854	276 210 160	255,7	3 072	67 669	13 886 600	205,2	51,2	6,2	5,0
1893	6 140	1 084 532	277 030 560	255,4	3 195	70 367	14 445 700	205,2	52,0	6,4	5,2
1894	6 291	1 080 452	276 525 160	255,9	3 294	72 277	14 769 200	204,3	52,3	6,6	5,3
1895	6 233	1 079 399	275 401 560	255,1	3 266	72 339	14 753 500	203,9	52,3	6,7	5,3
1896	6 528	1 076 859	275 517 810	255,8	3 461	75 369	15 477 700	205,3	53,0	6,9	5,6

Es ist sowohl das Anwachsen der Gesamtsumme der Pfandbriefdarlehen, sowie die Vergrösserung der landschaftlichen Schuld für die Flächeneinheit darin nachgewiesen. In gleicher Weise kann man daraus erkennen, wie gross die Zahl, die Fläche und die Darlehnssumme der kleinen Güter unter 15000 Mk. Taxwert, die im Durchschnitt die Grösse von einigen 20 ha haben, ist, und wie sich das prozentische Verhältnis der kleinen Güter zu den beliehenen Gütern überhaupt nach Zahl, Fläche und Pfandbriefdarlehen stellt. Nimmt man den durchschnittlichen Taxwert kleiner Güter auf 500 Mk. pro Hektar an, so können Bauerngüter bis herunter zu 8 ha beliehen werden, wie es auch thatsächlich geschieht; ja bei guten Böden wird noch unter diese Grundstücksgrösse gegangen. Von den beliehenen Gütern sind gegenwärtig über die Hälfte der Zahl nach kleine Güter unter 15000 Mk. Taxwert oder unter 30 ha. Der Fläche und der Beleihungssumme der Güter nach fällt ja scheinbar nur ein kleiner Anteil auf derartige Bauerngüter; jedoch muss man berücksichtigen, dass Kleinwirtschaften der Statistik zufolge überhaupt nur, wie oben des näheren ausgeführt, mit einer sehr geringen Fläche an der gesamten landwirtschaftlich genutzten Fläche in der Provinz Posen beteiligt sind; ferner dass die Beleihung kleiner Güter erst 15 Jahre besteht, und die Bauern erst langsam auf eine solche Einrichtung aufmerksam werden. Auch sind die Verbindungen der Bauern mit auswärtigen Hypothekenbanken, von welchen sie Darlehen erhalten haben, vielfach noch nicht gelöst. Die Beleihung des Kleingrundbesitzes, auf die Flächeneinheit berechnet, hat sich bei der kurzen Dauer der Beleihung nur um ein geringes gehoben. Dagegen hat die Beleihung des Gesamtgrundbesitzes um $68,9\%$ zugenommen. Diese Zunahme entspricht vollständig der Steigerung der Güterpreise. Von 1851/60—1891/94 war die Zunahme der letzteren nach unseren Ermittelungen = $99,6\%$, von 1861/70—1891/94 = $45,6\%$, so dass wir im Mittel von 1861—94 (= der Zeitdauer der nachgewiesenen Beleihungswirksamkeit der Posener Landschaft) eine Steigerung der Kaufpreise um $72,6\%$, also nur um ein geringes mehr als die der Beleihungen, erhalten. Neben der landschaftlichen Taxe wurden auch, nach Massgabe des Grundsteuerreinertrages, Darlehen bewilligt und zwar wurden vom 30fachen Reinertrag der 20fache Betrag der Onera perpetua abgezogen, und der so festgestellte Gutswert zur Hälfte beliehen.

Das allgemeine Sinken des Zinsfusses nötigte auch die Landschaft, den Zins für ihre Pfandbriefe herabzusetzen. Es wurde zu der Emission $3^1/_2\%$iger Pfandbriefe geschritten, laut dritten Regulatives vom 4. Mai 1885. Diese Pfandbriefe wurden von dem Schuldner mit $4^1/_4\%$ verzinst, von welchen ausser der Verzinsung der Pfandbriefe je $^1/_4\%$ für Verwaltungskosten, für den Reservefonds und für die Amortisation verwendet wurde. Die Mitglieder dieser Gruppe bilden das 2. System der Jahresgesellschaften.

Schliesslich wurde am 1. Juni 1895 die so lange beantragte Zweidrittelbeleihung nach dem Beispiel älterer Landschaften genehmigt.

Aber nicht nur der Realkredit, sondern auch der Personalkredit erfuhr eine Förderung durch die Wirksamkeit der Posener Landschaft. In einem diesbezüglichen Antrag vom Jahre 1884 wurde darauf hingewiesen, dass in der Provinz Posen der grössere Teil der Landwirte für fremde Kapitalien arbeite und von wucherischen Zinsen zu leiden habe, ein Missstand, welchem nur durch Gründung einer landschaftlichen Bank nach Art der Kur- und Neumärkischen Ritterschaftlichen Darlehnskasse zu Berlin oder der Schlesischen Landschaftsbank zu Breslau abzuhelfen sei. Gerade eine derartige Kasse war bei dem Umsatz von grossen Summen und vermöge ihres finanziellen Organismus in der Lage, mit einem geringen Bruchteilgewinn über den Prozentsatz des Stammkapitals vorlieb zu nehmen und ohne wesentliche Opfer der bedrängten Landwirtschaft Hilfe zu gewähren. Die traurigen Erntejahre 1883 und 1885 steigerten das Kreditbedürfnis der Gutsbesitzer, die besonders von Geschäftsleuten ausgenutzt wurden, wie ein Bericht an die Landschaft illustriert, nach welchem vor dem Johannistermin der Zinsenzahlung 1885 der Wollpreis in Posen plötzlich um 20—40 Mk. pro Zentner sank, da die Spekulanten die gedrückte Geldlage der Produzenten übersahen und so lange mit einem Preisgebot zurückhielten, bis schliesslich der Verkauf zu Schleuderpreisen von statten ging. — Nach dem Allerhöchsten Erlass vom 24. Februar 1890 wurde die Posener landschaftliche Darlehnskasse, jetzt Posener landschaftliche Bank, gegründet. Ihre Befugnisse bestehen besonders darin, die Aufnahme der Pfandbriefdarlehen zu vermitteln und zwar durch Vorschüsse an Geld zur Regulierung der Hypothekenverhältnisse, ferner in Kreditgewährung gegen Wechsel, gegen Verpfändung von Hypothekenforderungen und solcher Papiere, die die Reichsbank beleiht. Es würde zu weit führen, nachzuweisen, in wie weit Sparkassen und Raiffeisenvereine dem Personalkreditbedürfnis Rechnung tragen, jedenfalls ist auch in den Personal-Kreditzuständen der Provinz im Laufe der Jahrzehnte vieles besser geworden. Dennoch verhehlt sich keiner, der die Provinz kennt, dass die Besitzer sich vielfach die Geldmittel zur Bestreitung der halbjährigen, besonders der Julizinsen in anderer Weise verschaffen müssen; sie erheben Vorschüsse von ihrem Getreide- oder Spiritushändler auf die kommende Ernte oder Kampagne, um zum 1. Juli ihren Verpflichtungen gerecht werden zu können. Dieser Kredit wird meist nicht gering verzinst; $6-7^0/_0$ ist das übliche; in manchen Fällen, besonders bei unsicherer Lage des Besitzers, wird noch mehr genommen. Begreiflicherweise ist alsdann der Landwirt in den Händen des Händlers; er darf kein Getreide an einen andern, von dem er vielleicht einen höheren Preis erzielt hätte, verkaufen; verkauft er an seinen Gläubiger, so bietet dieser ihm bedeutend unter Posener oder Breslauer Notiz und macht damit ein Wuchergeschäft, wie es nicht ärger getrieben sein kann. Dies sind so häufig vorkommende Thatsachen, dass sie bei der Betrachtung der Lage des Kredites in der Provinz nicht übersehen werden dürfen.

Hatte nun diese Ordnung des Kredites einen entschiedenen Einfluss auf die Werterhebung des Grund und Bodens, so ist in Verbindung damit die *Verminderung des Zinsfusses* nicht geringer zu veranschlagen. Nachdem Ende vorigen Jahrhunderts der Zinsfuss für Hypotheken ein verhältnissmässig niedriger war (3—4$^0/_0$), machte sich in den nun folgenden Kriegsjahren ein Steigen desselben fühlbar. Infolge des gesunkenen Staatskredites Preussens fielen die Kurse der Staatsschuldscheine rapid, und der Zinsfuss ging damit in die Höhe. Es war eine allgemeine Kapitalnachfrage und Preussen musste seine Anleihe von 1818 und 1822 zu 6 und 7% verzinsen. Die Landschaften wurden zwar von diesem hochgeschraubten Zinsfuss weniger berührt, da durch die Verpfändung des Grund und Bodens den Gläubigern grössere Sicherheit gewährleistet wurde. Ihre 4 prozentigen Pfandbriefe standen vor 1815 eine zeitlang unter pari, erreichten aber um das Jahr 1820 ihren Paristand und hielten sich auf diesem bis zur Mitte des Jahrhunderts. Der Privathypothekenkredit, der gesetzlich auf 5$^0/_0$ normiert war, hat im Osten sicher mehr betragen. Zu dem im Anfang des Jahrhunderts allgemein darniederliegenden Kredit kam auch die Verordnung der Auseinandersetzung zwischen Gutsherren und Bauern, welche das Kapitalbedürfnis des Grundbesitzes mehr und mehr steigerte, um Meliorationen und intensivere Wirtschaft in die ländlichen Betriebe einzuführen. Im Osten lag ein Grund der Zinserhöhung auch in der geringen Entfaltung der Industrie. Seit Ende der 20er Jahre trat mit den allgemein erfolgenden Konvertierungen der Staatspapiere von 4 und 4$^1/_2$% in 3$^1/_2$% ein Sinken des Zinsfusses ein, welches nur vorübergehend durch die Julirevolution und in Posen durch den polnischen Aufstand 1830—31 gehemmt wurde. In der Friedensperiode der 30er und 40er Jahre herrschte keine grosse Kapitalnachfrage, und diesem Umstande ist es zuzuschreiben, dass von hypothekarischen Kreditinstituten und Sparkassen dem Grundbesitz billigeres Geld angeboten wurde. Die Konvertierung der 4 prozentigen Pfandbriefe der Posener adligen Landschaft in 3$^1/_2$ prozentige im Jahre 1840 hatte keinen Einfluss auf die Kurse, welche 1842 noch auf 107 standen. Das Sinken des Zinsfusses war daher in den 30er Jahren fast ein allgemeines. Allerdings ging beim Privatkredit der Zinsfuss von 5$^0/_0$ nicht herunter, überhaupt war in den östlichen Provinzen das Kapitalangebot nie sehr bedeutend, und von Sparkassen wurde in dieser Zeit auf ländliche Grundstücke Geld zu 6% ausgeliehen.

Um die Mitte des Jahrhunderts trat, nach dem bisherigen Fallen des Zinsfusses, mit dem Aufschwung der Eisenbahnen und der damit verbundenen Verbreitung industrieller Untersuchungen eine Periode des Kapitalabströmens zu grösseren Handels- und Industrieanlagen, die grösseren Gewinn brachten, ein. Der Staat musste bei seinen Eisenbahn- und anderen Anleihen 4—5% zahlen, und auch der Grundbesitz, dem jetzt bedeutende Summen entzogen wurden, wurde von seinen Hypothekengläubigern im Zinsfuss heraufgesetzt. Ein weiterer Kapitalbedarf entstand mit der Errichtung von Rentenbanken nach dem Gesetz vom 2. März 1850, in dem die verschiedenen Reallasten in Geldrenten umgewandelt wurden, die der Staat gegen Ausgabe von Rentenbriefen an die Berechtigten übernahm und dafür von den Verpflichteten Zinsen nebst Amortisationsquoten bezog. Alle diese Vorgänge trugen zu einer Erhöhung des Zinsfusses bei, dem sich sogar die Landschaften nicht entziehen konnten, welche, wie die neue Posener Landschaft wiederum, 4 prozentige Pfandbriefe emittierten.

Seit den 70er Jahren kann jedoch wieder ein Sinken des Zinsfusses wahrgenommen werden. Staats- und Kommunalpapiere, sowie die Pfandbriefe werden wieder in niedriger zinsende konvertiert. Nach der Krisis von 1873 wendet sich das Kapital wieder dem Grundbesitz zu, nachdem es in schwindelhaften Industrieunternehmungen grosse Verluste erlitt. 1885 emittiert die Posener Landschaft $4^1/_2$ prozentige Pfandbriefe. Zwar wird, besonders beim Privathypothekenkredit, aus alter Gewohnheit an dem Zinsfuss von $5\,^0/_0$ festgehalten, jedoch muss derselbe in vielen Fällen infolge der Konkurrenz mit dem billigeren Anstaltskredit von höchstens $4^1/_2\,^0/_0$ in seinen Ansprüchen heruntergehen. Die Wirkung des sinkenden Zinsfusses auf die höhere Bewertung des Grund und Bodens sind zu bekannt, als dass sie an Beispielen erläutert zu werden brauchen.

Spielt ein niedriger Kapitalzins bei dem Reinertrage und damit bei dem Preise des Grund und Bodens eine hervorragende Rolle, so haben die Kapitalien selbst, welche in die Güter zum Zweck der Aufführung von Bauten und Anlage von Meliorationen niedergelegt wurden, den Grundpreis ganz bedeutend gehoben. Dies ist wohl der hauptsächlichste und naheliegendste Grund der höheren Bewertung des Bodens.

Wer aus einer anderen Provinz nach Posen kommt, dem fällt auch heute noch bei manchen Gütern und Dörfern der ungemein verwahrloste Zustand der Baulichkeiten auf, und er kann sich, wenn er die Berichte langeingesessener Landwirte hört, ein Bild machen, wie es wohl zu Anfang oder um die Mitte dieses Jahrhunderts in der Provinz ausgesehen hat. Freilich hält es auch heute nicht eben schwer, ab und zu noch den Typus eines alten polnischen Hofes zu entdecken: die Gebäude nicht im rechten Winkel gebaut, Löcher in den Lehmwänden, der First des Schobendaches vom Wind aufgedeckt, dass die Dachsparren zu sehen sind, die Schoben selbst mit gewöhnlichem Krummstroh von unkundiger Hand gedeckt und altersgrau von vielem Moos; der Rauchfang in den Komornikhäusern von Holz; das Herrenhaus mit zerschledderten Fenstern und Thüren und verfallener Treppe, daneben eine alte „Offizin,‟ das Haus für das Dienstpersonal mit Küche und Keller und anderen profanen Räumlichkeiten, die in dem eben geschilderten Herrenhaus nicht geduldet werden, da sonst das Ansehen des „Palastes‟ oder „Schlosses,‟ wie es sich vornehm nennt, darunter leiden könnte.

Es ist kaum eine Provinz, die bei dem Verfall der alten strohgedeckten Lehmbauten ein derartiges Kapital im Laufe des Jahrhunderts zur Aufführung neuer zweckentsprechender massiver Gebäude notwendig machte. Aus der Gebäudesteuerveranlagung,[1] welche im allgemeinen nur die bewohnten Häuser heranzieht, ersieht man, dass Posen auf der untersten Stufe steht. Es kommen nämlich auf den Kopf der Bevölkerung von der Steuer:

---

[1] Meitzen a. a. O. IV, 122 ff.

in der Provinz Preussen 3,50 Silbergroschen,
„ „ „ Pommern 4,10
„ „ „ Brandenburg 8,87
„ „ Schlesien 3,90
„ „ Westfalen 4,60 „
„ Rheinland 6,20 „
„ „ Sachsen 4,90 „
„ „ *Posen* nur 3,10

Sind die ländlichen Wohnhäuser derart, dass sie damals in den 60er Jahren nach Grösse, Bauart und Beschaffenheit am niedrigsten im Bereiche der preussischen Monarchie eingeschätzt wurden, so lässt sich daraus ein Schluss ziehen, in welcher Verfassung die übrigen Wirtschaftsgebäude gewesen sind. Heutzutage hat denn auch der Bauzustand der Güter und Dörfer sich sehr verbessert; man sieht jetzt regelmässige, mit massiven Gebäuden und Hofmauern aufgeführte Gehöfte, höchstens, dass die Vorwerke ältere Baulichkeiten aufzuweisen haben, deren Lehmmauern aber jetzt auch meist abgekalkt und deren Strohdächer instandgehalten sind. Das Gewerbe der Ziegeleien hat sich daher sehr entwickelt; von 1835—55 hatten sich die Ziegeleien um das dreifache vermehrt; ihr Fabrikat wurde nur innerhalb der Provinz zu Bauten verwandt, ja es müssen heute noch aus den Nachbargegenden Mauersteine in Mengen eingeführt werden. Dass durch die vielen Neubauten die Güter in ihrem Wert sehr verteuert sind, liegt auf der Hand. Man wird nicht weit fehlgreifen, wenn man annimmt, dass der Gebäudewert sich seit 30—40 Jahren verdoppelt hat; gewöhnlich wird jetzt bei mittleren Gütern der Gebäudewert auf 200—300 Mk. pro Hektar angenommen, während er im Laufe der 50er und 60er Jahre 100—150 Mk. betrug, im grossen und ganzen ein Drittel des Gesamthektarwertes.

Nicht viel geringer als das Baukapital, durch welches der Grund und Boden in der Provinz verteuert wurde, ist das Meliorationskapital, durch welches fortdauernd neue Werte dem Grundbesitz zugeführt wurden. Es lässt sich schwer zahlenmässig beweisen, wie hoch diese Verbesserungen des Bodens durch Entwässerung von Brüchern, durch systematische Ackerdrainage, durch Übersandung von Moorwiesen, durch Ausrottung und Urbarmachung von Forstland auf die Flächeneinheit zu stehen kommen. Es soll hier ganz abgesehen werden von den grossen Operationen von Staat und Provinz, die sich auf die Entwässerungen von ausgedehnten Bruchländereien, wie des grossen Obrabruches in den Kreisen Kosten, Schmiegel und Bomst durch den Obrakanal, des Bachorze- und Parchaniebruches in den Kreisen Strelno und Inowrazlaw, und auf die Regulierung der Flussläufe u. a. m. erstreckten. Wurden schon dadurch die Grundstücke in jenen Gegenden bedeutend wertvoller, so ist ausserdem durch private Mittel unendlich viel Kapital mit dem Boden verbunden worden. Es möge hier eine Aufstellung folgen, wie in der Provinz nach landläufigem Gebrauch die Güter heutzutage nach ihren einzelnen Wertbestandteilen geschätzt werden.

Es beträgt der Hektarwert von Gütern in Mark:

	bei mässiger	bei mittlerer	bei guter
	Kulturbeschaffenheit		
in Gebäuden	200	300	400
im Inventar	75	120	200
im Boden mit stehender Ernte	120	200	300
in Meliorationen	80	120	180
	475	740	1080.

Diese Angaben stammen von Landwirten in der Provinz, zum Teil nach Schätzung ihrer eigenen Güter. Es beläuft sich danach das heute aufgewendete Meliorationskapital auf ungefähr ein Sechstel des Gesamtgutswertes. Vor allem sind die Ausgaben bedeutend, die im Laufe der letzteren Jahrzehnte für Drainage gemacht wurden, welche der flache, des natürlichen Abflusses meist mangelnde Boden gebieterisch verlangt. Das Drainagekapital, das sich allerdings nach 40—50 Jahren abnutzt, ist mit durchschnittlich 80—100 Mk. pro ha zu bewerten. Es wäre von Interesse, wenn man statistisch nachweisen könnte, wie gross die Fläche jedes Jahr gewesen ist, die von Privaten und Kulturgenossenschaften abdrainiert wurde, leider fehlen hierüber verlässliche und lückenlose Angaben so gut wie gänzlich. Zu dem Aufwand für Meliorationszwecke tritt ferner neuerdings die Erschliessung tieferer Erdschichten durch die Tiefkultur, ausserdem wird von jeher viel für Mergelung und Kalkung der Äcker aufgewendet.

Zwei Beispiele mögen erläutern, wie gross in neuerer Zeit die Aufwendungen an Kulturverbesserungen der Güter sind, wie ungemein dadurch selbst in kurzer Zeit der Wert des Grund und Bodens sich steigert.

1. Das Gut K. im Kreise Schroda von einem Areal von 247,56 ha (nach der Grundsteuermutterrolle) oder 252,55 ha (nach dem Vermessungsbonitierungsregister) wurde 1891 für 190 000 Mk., also für rund 760 Mk. pro Hektar gekauft und zwar in der Subhastation. Das Gut hat viel Weizenboden erster und zweiter Klasse von hellem, humosem, sandigem Lehm und Lehmmergeluntergrund. Der andere Boden ist guter Gersten-, Roggen- und Kartoffelboden. Die Äcker waren bei der Übernahme sehr verwahrlost, verqueckt und verunkrautet. Der Bestand an Gräben war sehr mangelhaft, die Vorflutkanäle waren verfallen und zugewachsen. Dem Acker war sehr wenig Dünger zugeführt und daher wenig Kraft im Boden. An Rindvieh waren nur 45 Stück vorhanden, welche bei mangelndem Futter nur minimale Mengen schlechten Düngers produzierten. Die Zufuhrwege zu den Bahnen waren weit und in grundlosem Zustande, so dass an Rübenbau in den ersten Jahren nicht zu denken war. Es ist seitdem eine neue nähere Eisenbahnstation errichtet, und die Wege zum grösseren Teil gepflastert und befestigt worden. Die Gebäude waren durchweg mangelhaft und völlig unzureichend, so dass grosse Reparaturen und umfangreiche Neubauten erforderlich wurden. An Kapitalaufwand seit dem Jahre des Erwerbs wurde ausgegeben:

für Bauten	60 000 Mk.
„ totes Inventar	16 000
lebendes Inventar	40 000 „

Drainiert wurden noch 40 Morgen, jedoch mit der übrigen, nunmehr den ganzen Acker umfassenden Drainage einer Entwässerungs-Genossenschaft angeschlossen, sodass hierfür kein besonderer Aufwand aus eigenen Mitteln stattgefunden hat. An künstlichem Dünger wurde jährlich zugeführt für 8—9000 Mk., an Futtermitteln fand, nachdem der Rindviehstand auf etwa 140—145 Stück gebracht war, ein jährlicher Zukauf von 12—13000 Mk. statt. Durch alle vorgenannten Kapitaleinverleibungen und Aufwendungen ist der Kulturwert des Bodens und der Wert der Bestände so gestiegen, dass der zeitige (1897) Verkaufswert des Gutes nach Angabe des Besitzers auf 360 000—375 000, also auf 1440—1500 Mk. pro Hektar, oder um 89—97% höher als der Kaufwert veranschlagt wird.

2. Das Gut G. im Kreise Schroda, 300 ha gross, wurde 1887 freihändig für 216 000, also für 720 Mk. pro ha, oder mit Anrechnung eines Kanons von jährlich 1340 Mk. für 830 Mk. pro ha gekauft. Der Boden ist zum grössten Teil Weizen- und Rübenboden. Beim Kauf war das ganze Gut undrainiert, infolgedessen ziemlich stark verqueckt und in sehr mässigem Kulturzustande. Die Wirtschaftsgebäude waren fast alle aus Lehmfachwerk mit Strohdächern, welche 1887 zumeist abbrannten und durch massive Gebäude mit Falzziegeldächern ersetzt wurden. Die Versicherungssumme der neuen Gebäude beträgt 74 500 Mk., die der abgebrannten betrug 37 500, folglich Mehrwert der

Neubauten	37 000 Mk.,
dazu eine neue Feldscheune	5 200 „
Ausgaben für totes Inventar	10 000 „
Anteil am Fowler'schen Dampfpflug	10 000 „
Ausgaben für lebendes Inventar	35 000 „
Drainage von 1003 Morgen	35 000 „

Der Besitzer schätzt das Gut heut (1897) auf 480 000 Mk., also auf 1600 Mk. pro ha, um 91% höher als vor 10 Jahren.

Alle diese einmaligen oder wenigstens erst in längeren Zeiträumen wiederkehrenden Kapitalaufwendungen steigern naturgemäss den Reinertrag und damit auch den Preis der Güter. Besonders ist jedoch Reinertrag und Gutswert von den Preisen der Bodenprodukte wie von der ganzen Marktkonjunktur der landwirtschaftlichen Erzeugnisse sehr beeinflusst. Die Getreidepreise spielen hierbei die grösste Rolle, ist doch der Getreidebau mit 63% der Ackerfläche am stärksten am Ackerbau beteiligt. Unter den Getreidearten ist es wiederum die Winterung, welche die Haupteinnahmequelle des Landwirts bildet. In der Tabelle XV (S. 72) sind deshalb nur die Roggen- und Weizenpreise, wie sie sich im Durchschnitt verschiedener Marktorte der Provinz Posen ermitteln liessen, berücksichtigt worden. Zur Erläuterung dieser Verhältnisse diene folgende Tabelle:

(Siehe Tabelle XV, S. 72.)

Ein innerer Zusammenhang zwischen Güter- und Getreidepreisen lässt sich daraus wohl einigermassen erkennen. Wir erkennen den enormen Preissturz des Getreides in den 20er Jahren und sehen auch die Güterpreise, wenigstens des Mittel- und Grossbesitzes in dieser Zeit fallen, ja sogar noch bis in die dreissiger Jahre hinein, in welchen die Getreidepreise schon wieder eine aufsteigende Bewegung zeigen. Von den dreissiger Jahren an heben sich auch die Güterpreise wieder. Die rückläufige Bewegung der Getreidepreise in den 50er Jahren behindert das Steigen der Güterpreise nicht, da schon in den 60er Jahren bis Mitte der 70er Jahre das Getreide wieder in die Höhe geht. Das Fallen der Getreidepreise seit 1875 äussert sich dann auch bei den Güterpreisen erst um ein Jahrzehnt später, und zwar nur bei Mittel- und Grossbesitz, während der Bauernbesitz bis jetzt im allgemeinen von diesem Niedergang noch nicht tangiert wird.

Tabelle XV.
Vergleichung der Grundpreise mit den Getreidepreisen.

Zeitraum	Grundpreise pro ha in Mk.			Getreidepreise pro Ctr. in Mk.		Prozentische Preissteigerung 1861—70 = 100				
	Kleinbesitz	Mittelbesitz	Grossbesitz	Weizen	Roggen	Kleinbesitz	Mittelbesitz	Grossbesitz	Weizen	Roggen
bis 1800	—	207	159	—	—	—	40	35	—	—
1801—10	—	—	269	—	—	—	—	59	—	—
1811—20	—	232	266	9,15	5,70	—	45	58	92	82
1821—30	113	210	133	5,95	3,75	27	41	29	60	54
1831—40	149	132	164	6,85	4,25	36	25	36	69	61
1841—50	195	243	274	8,15	5,50	47	47	60	82	79
1851—60	301	363	340	10,70	7,70	73	70	74	107	111
1861—70	412	516	459	9,95	6,95	100	100	100	100	100
1871—75	493	630	586	11,30	8,40	119	122	128	113	121
1876—80	546	631	570	10,00	7,65	132	122	124	100	110
1881—85	603	707	644	9,20	7,40	146	137	140	92	106
1886—90	660	699	597	8,35	6,75	160	135	130	84	97
1891—95	732	654	537	8,40	7,25	178	127	117	84	104

Es zeigt sich hieraus mit grosser Deutlichkeit, dass Güter von mittlerem und grossem Umfang von einem intensiven Preissturz des Getreides gleichfalls betroffen werden und in ihrem Wert sinken; in den zwanziger Jahren, in denen Roggen und Weizen um 65 %, sanken, geschah der Rückgang der Güterpreise *gleichzeitig*; dem Preisrückgange des Getreides in den letzten 70er Jahren, welcher *langsamer* vor sich ging, folgten die Güterpreise erst *später*, Ende der achtziger Jahre, abwärts. Es stimmen diese Vorgänge mit den Ergebnissen der mecklenburgischen Statistik überein, in welcher die Erscheinung beobachtet wird, dass die steigende Tendenz der Getreidepreise in der Regel von einem Steigen der Kauf- und Pachtpreise der Güter begleitet wird, dass aber bei rückgängiger Konjunktur der Getreidepreise die Landgüter langsamer abwärts folgen."[1] Dies ist ganz erklärlich. Denn hat ein Landwirt in einer Zeit wirtschaftlichen Auf-

---
[1] Mecklenburgische Statistik, Band IX, Heft 3, 4, pag 95.

schwunges sein Gut teuer kaufen müssen, hat er unter diesen Verhältnissen auch kostspieliger melioriert und gebaut, so will er diesen Preis einschliesslich der von ihm ausgeführten wirtschaftlichen Verbesserungen und Bauten später wieder erhalten und entschliesst sich mit Widerstreben und erst später zu einem Verkauf unter diesem Wert, wenn ihn die allgemeine ungünstige Marktlage dazu nötigt. Der Grund und Boden steigt zwar unter günstigen Rechts-, Kredit- und Marktverhältnissen schnell in seinem Werte, geht aber erst nach Jahren in seinem Preis herunter, wenn die Gesamtlage schon längere Zeit schlechter steht.

In enger Verbindung mit dem Preis der Produkte übt die Lage der technischen Nebengewerbe und des mit ihnen eingeführten Hackfruchtbaus einen weitgehenden Einfluss auf die Güterpreise aus. Zunächst ist es die Einführung des Kartoffelbaus in der Verbindung mit dem Brennereibetrieb, der gerade in Posen mit seinen meist mittleren Böden die dortige Landwirtschaft erheblich gefördert und zugleich zum Steigen der Grundpreise mit beigetragen hat. In den ersten Dezennien unseres Jahrhunderts ging der Aufschwung der Brennereien überraschend schnell vor sich. Hier wirkten die hohen Branntweinpreise der Kriegsjahre, die Art der Besteuerung, sowie der Sturz der Getreidepreise zusammen darauf hin, dass der Landwirt sich dem Brennereigewerbe zuwandte. Massenhaft entstanden kleine Brennereien, und 1819/20 gab es in der Provinz bereits auf dem Lande 619, in den Städten 1094, im ganzen 1713 derartiger Kleinbetriebe.[2]) Als dann die Maischraumsteuer (1820 pro 20 Quart 1 Sgr. 3 Pf., 1824 1 Sgr. 6 Pf.) eingeführt und noch erhöht wurde (1854 pro 20 Quart 2 Sgr. 6 Pf., 1855 3 Sgr.), waren die kleineren Fabriken nicht mehr lebensfähig; man wandte sich daher zur Gründung grösserer Anstalten, welche die fortgeschrittene Technik besser verwerten konnte. Die Anzahl der in Betrieb befindlichen Brennereien entwickelte sich wie folgt:

Es waren Brennereien in Betrieb:

1831	382	1865	293
1836	266	1870	337
1841	244	1875	377
1846	231	1880	408
1851	254	1885	439
1855	279	1890	446
1860	283	1895	443

Auf 100 Quadratmeilen befanden sich Brennereien im Betrieb:

	in Posen	in Preussen	in Pommern	in Brandenburg	in Schlesien
1831:	72	117	207	241	483
1836:	50	106	130	193	473
1841:	46	91	78	145	368
1846:	47	76	56	104	215
1851:	48	75	51	101	205
1855:	53	70	48	93	154
1860:	53	62	48	88	146

---

[2]) Meitzen, a. a. O., II. 392.

	in Posen	in Preussen	in Pommern	in Brandenburg	in Schlesien
1865:	55	56	51	90	149
1875:	71	56	61	85	138
1880:	77	54	61	83	130
1885:	84	54	66	85	131
1890:	85	51	68	83	118
1895:	84	49	68	82	118

Aus diesen Tabellen kann man ersehen, dass der Brennereibetrieb in der Provinz Posen stetig zugenommen und alle anderen östlichen Provinzen ausser Schlesien, heute der Anzahl der Betriebe nach überholt hat, während er früher bedeutend zurück stand. In Ansehung der von den Brennereien verarbeiteten Kartoffelmenge, des Hauptproduktes, steht Posen jetzt allen anderen Provinzen voran. Es wurden verarbeitet in 1000 Tonnen Kartoffeln:

	Posen	Preussen	Brandenburg	Pommern	Schlesien	
1875/76:	398,5	349,0	487,4	238,0	483,1	(1000 hl)
1880 81:	445,9	269,3	434,8	242,1	277,7	(1000 t)
1884 85:	526,4	359,6	592,0	307,2	391,5	(..)
1890 91:	345,9	256,1	342,0	198,5	203,1	( )
1894/95:	352,8	250,4	314,9	218,3	277,4	( )

Auch mit Bezug auf die Spiritusproduktion pro Kopf der Bevölkerung nimmt Posen die erste Stelle ein. MEITZEN bemerkt (a. a. O., II 394) dass Posen inbezug auf Spiritserzeugung schon früher den grössten Aufschwung genommen habe, da es 1831 nur 356000, 1865 dagegen 1261000 Quart, beinahe so viel, als die am höchsten an der Produktion beteiligten Provinzen produziert habe. Nach der neueren Statistik wurden 1872—81 durchschnittlich an Litern Spiritus pro Kopf produziert:

Posen	Ostpreussen	Westpreussen	Brandenburg	Schlesien	Pommern
14,9	3,9	9,1	9,2	7,9	10,1

wobei allerdings die dünnere Bevölkerung Posens, gegenüber Brandenburg und Schlesien zu berücksichtigen, andererseits aber nicht zu übersehen ist, dass die Bevölkerung in Posen ganz erheblich zugenommen hat.

Nach dem Gesetz vom 1. Oktober 1897, betreffend die Besteuerung des Branntweins hat die Produktion infolge der höheren Belastung und der daraus sich ergebenden Betriebseinschränkung im allgemeinen abgenommen, jedoch ist die Menge der verarbeiteten Kartoffeln in Posen trotzdem noch immer grösser als in anderen Provinzen. Die Vorteile, die ein derartig ausgedehnter Brennereibetrieb für die Landwirtschaft und ihre Rentabilität hat, sind bekannt. Brennereiwirtschaften heben sich ungemein rasch. Durch das wertvolle Futter, welches man in der Schlempe aus den Fabrikationsrückständen gewinnt, wird die Möglichkeit einer rationelleren Viehhaltung, einer grösseren Düngerproduktion und damit der Erzielung höherer Erträge gewährleistet; ausserdem ist die grössere Ausdehnung der Hackkultur und die tiefere Bodenbearbeitung, welche auch der Kartoffelbau verlangt, von unschätzbarem Werte für das Gedeihen des gesamten Wirtschaftsbetriebes.

In neuerer Zeit hat auch der Zuckerrübenbau den Preis der Güter gehoben. Durch die abnehmende Rentabilität des Getreidebaues infolge des Rückganges der Getreidepreise sahen sich die Landwirte genötigt, sich auf den Rübenbau zu verlegen. Die Zuckerrübenproduktion hat gerade in Posen in den letzten zwanzig Jahren rapide zugenommen. Im Jahre 1874/75 besass die Provinz noch keine Zuckerfabrik, während in Brandenburg 19, in Pommern 6, in Schlesien 48, in Sachsen 147, in Hannover 20, in der Rheinprovinz 9, in Hessen, Westfalen, Schleswig-Holstein und Preussen wenigstens je eine bereits bestanden. Die erste Campagne 1875/76 begann die erste Zuckerfabrik in Posen mit 7744 Tonnen verarbeiteter Rüben. Nachstehende Aufstellung zeigt die Entwicklung der Rübenproduktion von Jahr zu Jahr.

Es bestanden:

1875/76	1 Fabrik mit einer Verarbeitung von	7744 Tonnen Zuckerrüben
1876/77	1	16780
1877/78	1	20515
1878/79	1	19508
1879/80	1	28249
1880/81	4 Fabriken	77656
1881/82	8	167774
1882/83	13	395992
1883/84	13	436720
1884/85	16	468472
1885/86	16	372178
1886/87	16	478032
1887/88	15	394656
1888/89	16	477533
1889/90	16	588478
1891/92	16	613347
1892/93	16	577525
1893/94	16	802583

Seit der ersten Campagne 1875/76 ist also gegenwärtig die Rübenproduktion um das 100fache gestiegen. Von welchen segensreichen Wirkungen der rentable Rübenbau im allgemeinen wie ganz besonders für die früher so mangelhaft bewirtschaftete Provinz ist weiss jeder, der eine Rübenwirtschaft mit einer reinen Körnerwirtschaft vergleicht. Die tiefere Bodenbearbeitung, die Lockerung des Bodens durch die verschiedenen Hacken, die Aufschliessung tieferer Bodenschichten steigern die Ernten und machen sie sicherer; die Fruchtfolge wird freier und der zeitigen Konjunktur entsprechend geordnet; das Unkraut verschwindet mehr und mehr; das Angespann und die Ackergeräte müssen vermehrt und verbessert werden, und das aus den Diffusionsrückständen gewonnene Futter gestattet die Haltung eines grösseren Viehstandes.

Dass die wirtschaftliche Hebung derartiger rübenbauender Güter auf ihren Preis einwirkt, ist klar, besonders auch durch die in neuerer Zeit in's Leben gerufenen Kleinbahnen, die hauptsächlich dem Rübentransport dienen. Überhaupt hat der Ausbau der Eisenbahnen in der Provinz für die Landwirtschaft eine ganz hervorragende Bedeutung. Was das Verkehrswesen betrifft, war Posen früher im Vergleich zu anderen Gegenden sehr schlecht bedacht. Das Eisenbahnnetz hat sich indessen seit 1852 (254,9 *km*) um das siebenfache vermehrt (1894/95: 1787,9 *km*). Auf

100 *qkm* kommen gegenwärtig (1893/94) 6,06 *km* Eisenbahnlänge, während in Preussen 5,20, in Pommern 5,05 *km* auf dieselbe Fläche entfallen. Brandenburg und Schlesien sind Posen mit 7,24 bezw. 8,46 *km* pro 100 *qkm* überlegen. Bei der Reduktion auf die Einwohnerzahl steht Posen mit 9,92 *km* pro 10 000 Einwohner mit Preussen (9,42 *km*) und Pommern (9,93 *km*) auf gleichem Standpunkte und übertrifft Brandenburg (6,67 *km*) und Schlesien (7,93 *km*) wegen der dichteren Bevölkerung jener Provinzen. Es gehört heute doch mehr zu den Ausnahmen, wenn ein Ort mehr als 2 deutsche Meilen von der Bahnstation entfernt liegt.

In gleicher Weise hat der Ausbau der Chausseen der Landwirtschaft erleichterte Abfuhr ihrer Erzeugnisse und verbilligte Transportkosten geschaffen, wenn auch nicht verkannt werden soll, dass durch Chaussee- und Bahnbauten, zu welchen die Provinz wenig Staatszuschüsse erhielt, die Kreise sehr verschuldeten, und zur Tilgung dieser Schuld hohe Kommunalsteuern aufzubringen sind. Die Wege waren zu Beginn und bis Mitte des Jahrhunderts von trostloser Beschaffenheit. Auch heute sind, wenn auch stark vermindert, solche Wege, namentlich in ebener Lage bei schwerem Boden zu finden, die in der Zeit des Auftauens im Frühjahr oder vor Eintreten des Frostes im Herbst kaum zu passieren sind. Ein Gut, das an der Chaussee liegt, wird daher mit Recht in seinem Wert höher geschätzt als ein am Landweg gelegenes, welches gezwungen ist, deshalb vermehrte Anspannung zu halten. Ein Gut im Kreise Neutomischel von 1520 *ha* galt nach landschaftlicher Taxe im Jahre 1874: 1 009 200 Mk., im Jahre 1881, infolge einer neu angelegten Chaussee 1 026 000 Mk., also 16 800 Mk. mehr. Die Chausseen haben sich in der Provinz von 1862 (2094 *km*) bis 1891 (4600 *km*) um mehr als das doppelte vermehrt, pro 100 *qkm* von 7,0 *km* (1862) auf 15,8 *km* (1891).

Auch ist hier das schnelle Anwachsen der Bevölkerung von 820 176 im Jahre 1816 auf 1 751 642, im Jahre 1890 also um mehr als das doppelte als ein mittelbarer Grund zur Hebung der Grundpreise anzusehen, besonders für den Parzellenbesitz, welcher sich im Laufe der Zeit sehr ausgedehnt hat, so dass die Zahl der spannlosen Wirtschaften eine bedeutende Zunahme erfahren hat (1859—80 um 32 $^{0}/_{0}$).

Schluss.

Es würde den Rahmen unserer Darstellung zu weit überschreiten, allen den Gründen nachzuforschen, welche den Grundpreis gesteigert haben, entziehen sich doch viele einer genauen Kenntnis. Andererseits wirken wieder verschiedene Ursachen auf den Rückgang des Reinertrages und der Grundpreise, wie er für die neueste Zeit konstatiert ist, ein; so der Rückgang der Getreidepreise, wie bereits dargethan, dann der Rückgang der Wollpreise, der Rückgang des Rapsbaues, die Kontingentierung der Brennereien und der Rübenproduktion, ferner das Steigen der Arbeitslöhne und die grössere Belastung mit Staatssteuern und Kommunalabgaben. Es sind die verschiedensten Momente der Preiserhöhung und des Preisdrucks, die sich bei der Grundpreisbildung gegenseitig beeinflussen; es frägt sich nur, welches die bestimmenden und ausschlaggebenden sind. Für unsere Nachweisung haben im allgemeinen preissteigernde Gründe das Übergewicht behalten; nur für die neuere Zeit tritt in den Grundpreisen ein Schwanken mit der Tendenz nach abwärts ein. Von hohem Werte wäre es, könnte man in gleicher Weise wie den mittleren Grundpreis, auch den mittleren Reinertrag der Güter von einem Jahrzehnt zum andern verfolgen, jedoch wird das stets ein Wunsch bleiben, der sich bei der mangelhaften Buchung früherer Zeit nie oder nur für wenige Güter verwirklichen lässt. Man käme wohl zu dem Ergebnis, dass ein sinkender Reinertrag für die neuere Zeit schon eher zu beobachten ist als ein sinkender Kaufpreis, und dass der Reinertrag mehr gesunken ist als jener.

Ob wir am Beginn einer Entwertung des Grund und Bodens stehen oder es nur mit einer vorübergehenden Krisis zu thun haben, wagen wir nicht zu entscheiden. Dass eine weitere Wertverminderung des Grund und Bodens der Provinz zu dem Zusammenbruch vieler der zeitigen landwirtschaftlichen Existenzen führt, wird niemand bestreiten können. Wie hoch der Grundbesitz verschuldet ist, entzieht sich bis jetzt der auf umfängliches statistisches Material gegründeten, *sicheren* Kenntnis. Wohl haben wir neuerdings eine Hypothekenstatistik, die zwar die Verschuldungsentwicklung in grossen Summen für die einzelnen Landgerichtsbezirke von Jahr zu Jahr verfolgt, aber ohne Beziehung zu anderen Faktoren, wie Kaufpreis oder Fläche. Die Landschaft ist gegenwärtig mit $37^0/_0$ des Kaufwertes an der Verschuldung beteiligt. Die weitere Verschuldung beträgt im Durchschnitt fast ebensoviel, so dass man wohl annehmen kann, dass zwei Drittel des Kaufwertes belastet sind. Einer geringen Anzahl unverschuldeter oder wenig verschuldeter Güter steht eine grössere Anzahl gegenüber, die bis zum Wert, ja darüber hinaus Hypotheken aufgenommen haben.

Dazu kommt die in der Statistik der Hypothekenbewegung nachgewiesene, langsam aber stetig wachsende Zunahme der Grundbucheintragungen. Die Löschungen bei den Käufen der Ansiedelungskommission, sowie infolge der vielfachen Subhastationen haben zwar das Plus an Schuldeintragungen einigermassen reduziert, aber dem Wachsen der Lasten keinen Einhalt thun können. Wirken beide Momente, Zunahme der Schulden und Entwertung des Bodens auf einige Jahrzehnte hinaus zusammen, so ist der Grundbesitz, der jetzt schon zum grossen Teil ein Scheinbesitz ist, bald nur noch ein leerer Name. Der rechtlich eingetragene Besitzer hat bei dem heutigen äusserst mässigen Reinertrag der Landwirtschaft, der, wie sicher angenommen werden darf, mehr heruntergegangen ist als der Kaufpreis der Güter, in den meisten Fällen nicht erheblich mehr als den Besitztitel; nur das Amt der Verwaltung und das Risiko der Konjunkturen fallen auf ihn. Zwar suchen die Landwirte, namentlich des Grossbesitzes, durch intensivere Wirtschaft, durch Verbesserungen aller Art, die Reinerträge möglichst zu steigern, so lange sie in der Lage sind, über Kapital zu verfügen oder Verwandte und Geschäftsleute ihnen persönlichen Credit gewähren. Im anderen Falle aber verschlechtert sich die Wirtschaft, und es geht langsam abwärts bis zur

Zwangsversteigerung, die nachweislich in der Provinz Posen massenhaft, mehr als in anderen Provinzen, eintritt. Inwieweit das Verlassenmüssen der heimischen Scholle eine Gefahr für die gesamte Wirtschaft der Provinz in sich birgt, inwieweit es von Vorteil ist, dass der Boden durch die bei den Subhastationen verloren gegangenen Wertteile entlastet und in seinem Wert verringert wird, dass neue, kapitalkräftigere Besitzer das Land wohlfeiler erwerben können und dadurch in der Lage sind, den Marktkonjunkturen entsprechend angemessene Reinerträge zu erzielen — dies ist eine offene Frage, über deren Beantwortung wohl stets die Ansichten der Beteiligten und Unbeteiligten auseinandergehen werden. Jedenfalls erscheint es hart, wenn es, wie man häufig hört, als Leichtsinn hingestellt wird, dass die Besitzer zu teuer gekauft oder geerbt haben, und wenn diese für die steigenden Konjunkturen der damaligen Bodenpreise, denen sie sich fügen mussten, verantwortlich gemacht werden. Diese angebliche Schuld mit einer den gesunkenen Reinerträgen entsprechenden Bodenentwertung zu büssen, welche eine Enteignung eines grossen Teiles der Grundbesitzer bedeutet, erscheint als eine Heilung der Krise, die mit grossen Opfern an dem derzeitigen Stande der grundbesitzenden Bevölkerung der Provinz zu erkaufen wäre.

Tabelle XVI.
Die Bewertung des Inventars.

Zeitraum	Der beobachteten Güter				Gesamt-Kaufpreis pro ha	Inventar-preis pro ha	Verhältnis	
	Zahl	Fläche ha	Gesamt-Kaufpreis Mk.	Inventar-preis Mk.			des Ge-samt-Kauf-preises	zum Inventar-preise
I. Kleinbesitz.								
1876–80	6	211,34	151 050	42 300	714	200	100	28
1881–85	20	646,74	369 950	95 175	572	147	100	26
1886–90	36	955,39	645 014	142 940	675	149	100	22
1891–95	47	1 146,08	787 842	182 395	687	159	100	23
II. Mittelbesitz.								
1861–70	26	4 171,29	2 565 650	712 758	615	170	100	28
1871–75	22	3 214,36	2 421 149	666 150	753	207	100	27,5
1876–80	32	4 978,43	3 208 125	904 425	644	181	100	28
1881–85	51	7 081,52	5 716 908	1 621 673	807	229	100	28
1886–90	14	2 162,15	1 322 750	361 750	611	167	100	27
1891–95	31	4 377,45	3 016 801	826 490	689	188	100	27
III. Grossbesitz.								
1841–50	2	1 217,75	375 000	105 000	308	86	100	28
1851–60	2	3 007,14	890 000	150 000	296	50	100	17
1861–70	19	12 110,87	6 577 143	2 083 140	543	172	100	32
1871–75	25	15 288,24	10 553 205	2 194 558	690	143	100	21
1876–80	28	24 901,24	12 641 360	3 362 000	507	135	100	27
1881–85	33	19 165,23	12 936 036	3 499 766	675	182	100	27
1886–90	12	7 753,73	4 634 900	1 386 750	597	178	100	30
1891–95	11	7 032,07	4 066 100	1 059 833	578	150	100	27

Vita.

Hermannus, Otto, Julius, Victor natus sum Idibus Januariis anni h. s. LXVI in vico quodam Posnaniensi prope Fraustadiam sito, cui nomen est Gorzno, patre Hermanno, matre Amalia e gente Rimann, quos ambos adhuc superstites esse valde gaudeo. Fidem profiteor palaeocatholicam. Litterarum elementis domi imbutus primum Lissae, in oppido provinciae Posnaniensis, tum septem per annos Olaviae, gymnasium frequentavi. Anno h. s. LXXXIII maturitatis testimonio instructus Marpurgum Chattorum me contuli, ubi civibus academicis adscriptus per duodecim menses studiis philologicis et philosophicis me dedi. Proximis annis et in praedio patris, quod in provincia Posnaniensi situm est, et alibi, maxime in Pommerania, agriculturae operam dedi. In hoc tempore unum per annum stipendium militare merui. Postremo, ut studio et ratione augerem quae usu iam didiceram, autumno a. h. s. LXXXXII universitatem Halensem adii ibique tres per annos versatus sum. Docuerunt me Marpurgi professores Bergmann, Koch, Lucae, Victor, Stengel; Halis Saxonum: Conrad, Friedberg, Kühn, Maercker, Pütz. Quibus omnibus viris doctissimis et gratias ago et semper habebo quam maximas, imprimis vero Conrado, magistro meo honoratissimo, qui mihi auctor fuit, ut hanc dissertationem conficerem.